特別講義
コンサルタントの整理術
三谷宏治

STRATEGIC WORKING METHODS
KOJI MITANI

はじめに

◎なぜヒトは「自分」とでなく「〆切り」と戦うのか

経営コンサルタント、戦略コンサルタントとして20年弱働いた。

その間、〆切りの間際になってから、慌てて（もしくは悠然と、はたまた悄然と）仕事に取りかかり、徹夜でこなす同僚や友人たちを見ていて、いつも感心していた。

よくそんなプレッシャーに耐えられるなぁ、よくそんなに時間がない中で間違えたりしないなぁ、みんな勇者だ！　と。

私には、ムリ。

そんなプレッシャーには耐えられないし、焦ったら絶対ミスる。面白いアイデアなんて出ようがないし、ちゃんとモノゴトや情報を整理し切れない。もともと部屋の片づけも苦手だし、プレッシャーかかるとお腹コワしちゃうし……。

◎美的整理学ではなく、サバイバル的「整流」術として

〆切り近くじゃないとやる気が出ないんだよね、とそのヒトたちは言うが、私は思っていた。

「ギリギリで頑張るより、やる気を創る方がよっぽど、楽」

「早めに手をつける方がよほどやりやすい」

と。

なぜなら、それは自分を変えればすむことだから。

でも、コンサルタントにとって、〆切り（最終報告会）に遅れるのは、職業的「死」につながる。漫画家さんや連載小説家さんと同じ。

なのに、そんな〆切り間際で慌てて仕事をこなすなんて、とんでもない。

〆切りがコワいから、臆病だから、昔からいろいろ工夫をしていた。自分をそんな悲惨な事態に追い込まないように、整理ベタな自分でも、なんとかなるように。

その工夫が、「分ける」「減らす」「早めにやる」だった。

それらをずっと練習して「習慣化」してきた。


そして今思う。練習次第だな、と。

やれば、だれデモできる。たぶん。


でもそれは、ほんとうに練習次第。

センスでなく「技」だからこそ、誰にでもできる。しかし、「技」だからこそ、練習しないと身につかない。


整理のための整理術でなく、仕事を（そして人生の種々を）うまく流れるようにするための「整流術」を、意識しよう。

そしてそれを繰り返し、実践しよう。

そのために、まず捨てるべき大きな勘違いがある。それが「火事場のバカヂカラ説」だ。

◎ 仕事が「渋滞」しないためにどうするか？

ヒトが〆切りと必死に戦う姿は、一種の悲壮感も漂わせ、なにやら怪しい美しささえある。追い込まれたときヒトはものすごいパワーを発揮し、最大の生産性を上げる、と広く信じられている。常識、と言っても良いだろう。

でもそれは多くの場合、勘違い。

交通渋滞の中で必死に他車をかき分けているのと同じ。何十台と抜いた気がするだろうが、そもそも渋滞にハマっているのだから、スピードも遅いし、燃費も非常に悪い。

頑張ったという充実感はあるだろうけれど、結局生産性はさして高くない。同時に他車、つまり他の仕事が後回しになるので、そのツケがすぐ回ってくる。

渋滞すると実は、車が流れる総量は半分以下に落ちる。

それと同じく、ぎりぎりでムリに仕事を流そうとすると、仕事の流れはすぐさま渋滞状態になり、逆に生産性は半分以下に落ちてしまう。

それをなんとかするために、多くの「整理術」は叫ぶ。

定位置を作ってそこに納めろ、いやそんなことせずに積みあげろ、すべて電子化して検索自在にせよ、メールも貯めずに即レスして消せ……。

そんなんじゃ、仕事の流れは本当にはスムーズにならない。例えば、コミュニケーションをただ早くするだけだと、仕事もメールも増えたりする。

大事なのは、迅速に（即レス）ではなく、早めに（先手）、でもときどき、コミュニケーションすることなのだ。火事場で力を出すよりも、火事にならないように防火や耐火建築に励もう。渋滞しないために車自体を減らそう。そのための、「整理」をしよう。それが整流術としての超・整理術。

ここから始まるのは、そんなことを決意したあなたのための、４つのステップ。

２０１０年６月

三谷　宏治

特別講義 コンサルタントの整理術

目次 contents

Chapter ① 「分ける」

Chapter ②「減らす」

Chapter 3 「早めにやる」

Chapter 4
「習慣にする」

写真　永禮 賢
装幀・本文デザイン　中村勝紀
本文図版　荒井美樹

0

Prologue

「シゴトが渋滞する」とはどういうことか？

渋滞のしくみ

シゴトを渋滞させない

イメージして欲しい。

仕事（私事も含めてシゴトと呼ぼう）が、「車」となって高速道路を流れていく姿を。

道路は何車線かあり、あなたは道路管理者だ。車（シゴト）をスムーズに流すべく頑張っている。

各々のシゴトには〆切り（目的地）があるが、万一完了しなければ、リスケ（ジュール）となり、車の目的地は何キロか先になる。

後方が過去で前方が未来。

先に目をやると、なにやら渋滞が発生中。

たぶんあそこは来月末付近。

期末でもあるのでシゴトの〆切りが集中して、いつもああだ。

1

渋滞になると、流れは滞って道路は本来の能力を発揮できなくなる。

車がぎっしり詰まっているから、それなりに流量はあると感じるかもしれないが、大間違い。

速度が10分の1になっても車間隔[※1]まで10分の1にはならないので、流れる量は半分ほどになる。


シゴトも、同じだ。


渋滞したらいきなり失速・墜落する。

だから、そもそも渋滞を起こさないようにすること。

そのための方策（整理学）が必要だ。


シゴトを渋滞させないための方策はあるのか。

それを整理してみると、次の4つにたどり着く。

※1 車間距離ではなく、車の中心から中心までの間隔。最低、車長分（4・5〜5mくらい）はある。

①分ける――高速道路に乗せるべき車と、そうでない車を分ける。こだわるものと、こだわらないものを分ける
②減らす――そもそも車（シゴト）自体を減らす
③早めにやる――渋滞に巻き込まれないように、早めにスタートする
④習慣にする――これらを習慣化して自動的に行う

この4つで、シゴト（仕事や私事）を整理し、人生の渋滞から抜け出そう。

焦るばかりで前に進まない状態[※1]から逃れよう。


この章では、これら4つの方策の概要を紹介する。次章以降は興味が湧いたものから、自由に読み進めてもらって構わない。

まずは、ざっと一読すること。

そして、一つひとつ、実践・訓練へ！

1

※1 ある企業の調査では、仕事時間の4割が「再確認」や「催促」といった付加価値を生まない作業だった。

シゴトの渋滞を防ぐ4つの方策

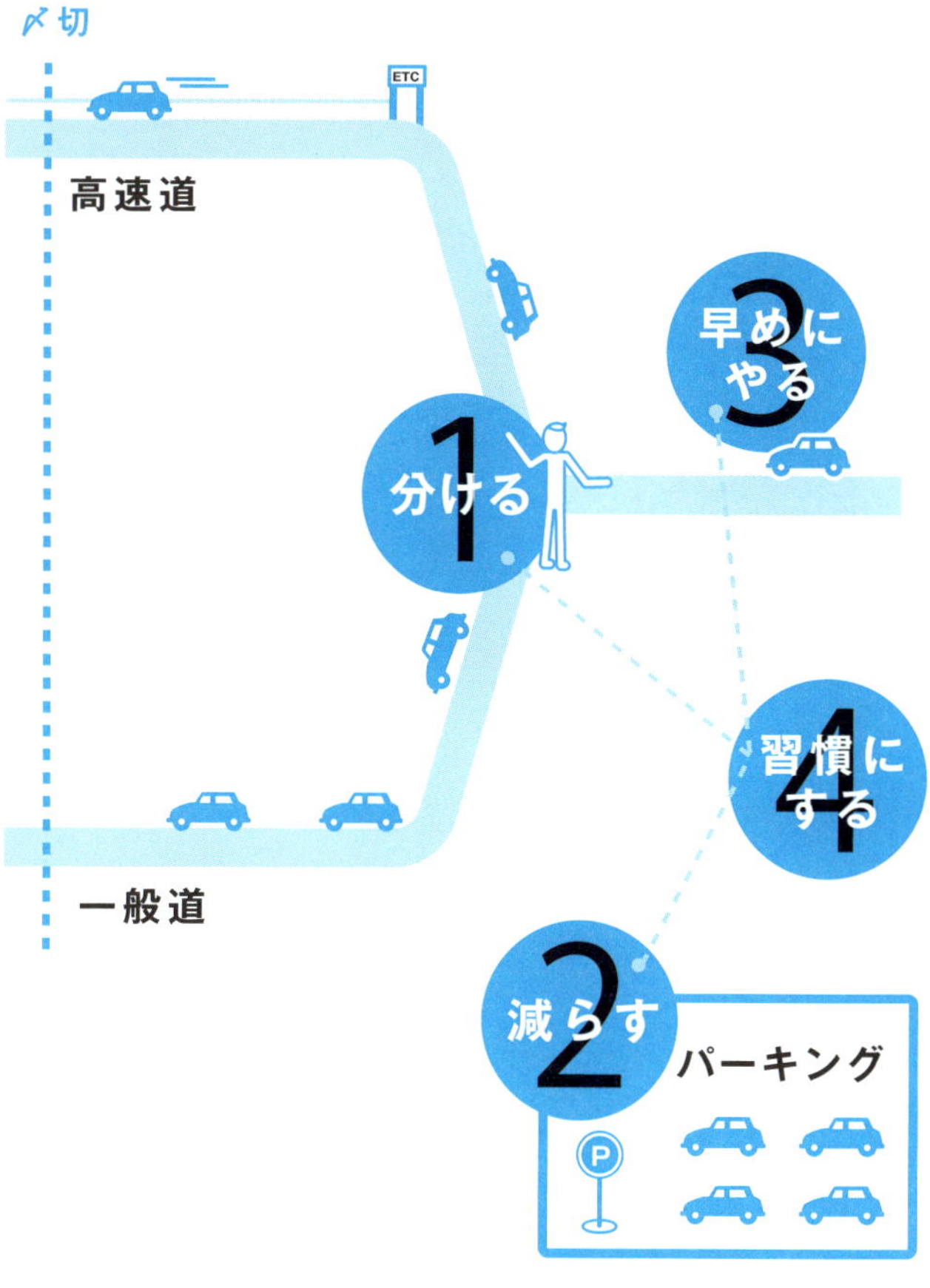

「分ける」「減らす」「早めにやる」「習慣にする」

4つの策について考えよう

4つの中で、どれがやりやすくてどれが大変だろうか。

一番面白いのは「分ける」だろう。割り切りと言ってもいい。

例えばヒトは多くの時間を「悩む」[※1]という状態の中で過ごす。

1日のうち何十分かはこれだ。

ならば仕事を「価値を生む悩み」と「生まない悩み」に分け、価値を生まないものには悩まないという客観的割り切りでムダな時間を省き、渋滞を減らす。それが「分ける」だ。

おそらく**一番大変なのは「減らす」**こと。

対処すべきシゴトが、減らせるならばそれが一番だ。

まさに整理術の王道。

ゆえに近道はないが、なんとかできれば効果は抜群。

2

実際に、**一番効果があるのは「早めにやる」**ことだろう。

早めに手をつけることで、仕事は驚くほど楽になる。

なぜなら、その仕事をやる気になったときだけ取り組めば良くなるからだ。

これほど生産性の高い状態はあるまい。


「習慣にする」は、その名の通り一番地道。

目的意識とやる気を保ったまま、続けられるかが勝負だが、問題はあなた自身が「勉強好き」でいろいろ手を出す体質であった場合だ。

いろいろなことに手をつけず、割り切って、まずは一つのことを続ける決意と行動力を持つことが、成功への近道になる。


さて、「分ける」「減らす」「早めにやる」のどれから手をつけ、それをどう「習慣」づけしていこうか。

それを決めるのは、ここから8ページを読み終わってからでいい。

※1 英Matalanの、2491人の女性（16〜60才）を対象にした調査によれば、女性は一生の間に、平均287日分の時間を「着る服を悩む」ことに費やしている。

「分ける」とは？

スタンスを決めて、ムダに悩まない・行動しない

詳しくはchapter1へ

ヒトはどれくらい自覚しているだろうか。

自分の思索や行動の、どれくらいが**ムダ**で、どれくらいがそうでないかを。

ある企業の調査では、仕事時間の４割が「再確認」や「催促」といった付加価値を生まない作業だった。

多くのムダはシゴト的渋滞から生まれている。流れえない量を、流そうとすれば、道は必ず渋滞し、永遠に解消されない。


まずはすべてのテーマ（仕事でも私事でも）を「分ける」ことだ。


なにを高速道路に流し、なにを流さないのか。

どのテーマをまじめに取り組み、どれは放っておくのか。

それらを事前に決め「分ける」ことは、実は大富豪への道であったりもする。[※1]

モノゴトを「分ける」視点は３つある。

3

「分ける」とは？

1 「こだわるもの」と「こだわらないもの」に分ける

2 決め方を決め、分ける

3 コミュニケーションルートを分ける

1 「こだわるもの」と「こだわらないもの」に分ける
2 そのための「決め方」を決める
3 「コミュニケーションルート」を分ける

この3つの視点で仕事を「分ける」ことができれば、悩みや渋滞というムダな時間は大幅に省かれる。

そこでできた時間の余裕は、まずは仕事に再投資して好循環を生もう。

※1 米国の大富豪ウォーレン・バフェットは、その投資対象領域を「自分が理解できないビジネスは投資対象にしない」「消費者に対して強いブランドを持った企業に投資する」などと明確に分けていたことで有名。

「減らす」とは？

やることを自体を減らす

詳しくはchapter2へ

世の整理術の王道は、整理の対象、つまり**シゴトそのものを減らす**こと。[※1]

でもこれが結構、難しい。

特にこのご時世、失職や減収につながらないように仕事を減らすのは、まったくもって簡単ではない。

それでも、手に余ることを抱えてシゴトを大渋滞させて、**自爆**するよりはマシ。

ここではそう考えて、シゴトを減らすことを頑張ろう。


シゴトそのものを「減らす」視点は、次の3つだ。

1　上司にシゴトを「打ち返す」（＝仕事を安請け合いしない）
2　みんなが困るまで待つ（＝自ら余計な仕事を増やさない）
3　メールの使い方に注意して無用なコミュニケーションを減らす

もちろんこれらは**「ちょっと面倒な部下になる」**ということでもある。

4

「減らす」とは？

1 シゴトを打ち返す
➡ 思いつきシゴトが減る

2 みんなが困るまで待つ
➡ 余計な仕事を増やさない

3 メールなどの使い方に注意する
➡ 無用なコミュニケーションを減らす

面倒で、しかも仕事のできない部下などどんな上司も欲しくはない。あっと言う間にリストラだ。

だからこの過程で生まれた余裕時間は、ここでもやはり、まずは仕事につぎ込もう。

仕事の質を上げ、上司や同僚、顧客の信頼を勝ち取る。

そうすれば、きっと「減らす」ことの好循環が生まれるはずだ。

※1 アマゾン上で「整理」と名のつく書籍は3000冊強。小山龍介さんの『整理HACKS!』、外山滋比古さんの『思考の整理学』、野口悠紀雄さんの『「超」整理法』が著名。

「早めにやる」とは?

生産性の高いときだけそのシゴトに取り組む

詳しくはchapter3へ

シゴトでもなんでも、「早めにやる」と良いことが一杯ある。

早めにやる、とは実際には次のようなことだ。

1 気分に合わせてシゴトをする(→生産性が上がる)
2 ムリそうなものを把握する(→スタックしなくなる)
3 答えのカケラを納得いくまで探す(→後工程が楽になる)
4 初日頑張ってスケジュールに余裕を持つ(→保険ができる)

逆に言えば、締め切りぎりぎりにやることには、3つの大罪[※1]がある。

その最大のモノは**「ムリにやる」**こと。

そのシゴトに対して調子のでないときや気分が向かないときに、ムリに頑張ることほどムダなことはない。

次が**「見えないままやる」**こと。

やればすぐわかる致命的な障害があるのに、それを見極めずにつっこんでしま

5

「早めにやる」とは？

1 気分に合わせて仕事をする
➡生産性が上がる

2 ムリそうなものを把握する
➡スタックが無くなる

3 答えのカケラを納得いくまで探す
➡後工程がラクになる

4 1日の余裕を持つ
➡保険を作る

うことや、大体の答えの方向性が見えていないのに進んでしまうことで、危機的な遅れは発生する。

最後が **「バッファーのなさ」** だ。

余裕がないから、たった1日分の遅れが致命傷になってしまう。

これらを避けるために「早めにやる」を実践しよう。まずは1日早めに手をつける、から。

※1 ガンジーの挙げた7つの社会的大罪「原則なき政治」「道徳なき商業」「労働なき富」「人格なき教育」「人間性なき科学」「良心なき快楽」「犠牲なき宗教」に類すれば「余裕なき労働」か。

「習慣にする」とは？

習慣を戦略的に身につける

詳しくはchapter4へ

なんにせよ、これら「分ける」「減らす」「早くやる」を、まずは日々実践しなくては意味がない。

でも、その実践があまりに苦痛であっては価値がない。

だから、無意識に実行できる「習慣」にしてしまおう。

経営コンサルタントらしく、習慣の「戦略的」な身につけ方を考えてみた。「アンゾフのマトリクス」、「5フォース分析」と「孫子」がお手本だ。

そこから導かれる「習慣にする」ための視点は、

1 身につけやすいものから手をつける
2 新習慣に対して、自分が「入りやすく」かつ「出にくく」する
3 習慣化ツールを使う

新しい習慣を、自分にとって身近なものから、トライしやすく継続しやすくす

6

「習慣にする」には？

1 身につけやすいものから手をつける

2 その習慣に「入りやすく」「出にくく」する

3 習慣化ツールを使う

ると同時に、途中で止めたら大変な状態にしてしまうこと。

そして「田の字（2×2マトリクス）」[※1]や、自分を科学し記録する「自分記録ノート」、指輪などの各種「リマインダー」、「行動チェックリスト」といった習慣化ツールを使うこと、だ。

これらを駆使して、「勢い」をつけながら習慣化の壁に挑もう。

※1 ツー・バイ・ツー マトリクス、と読めるとちょっとオシャレか。ちなみにツー・バイ・フォー（2×4）は、断面が2インチ×4インチの構造用製材規格。

1

Chapter 1
「分ける」

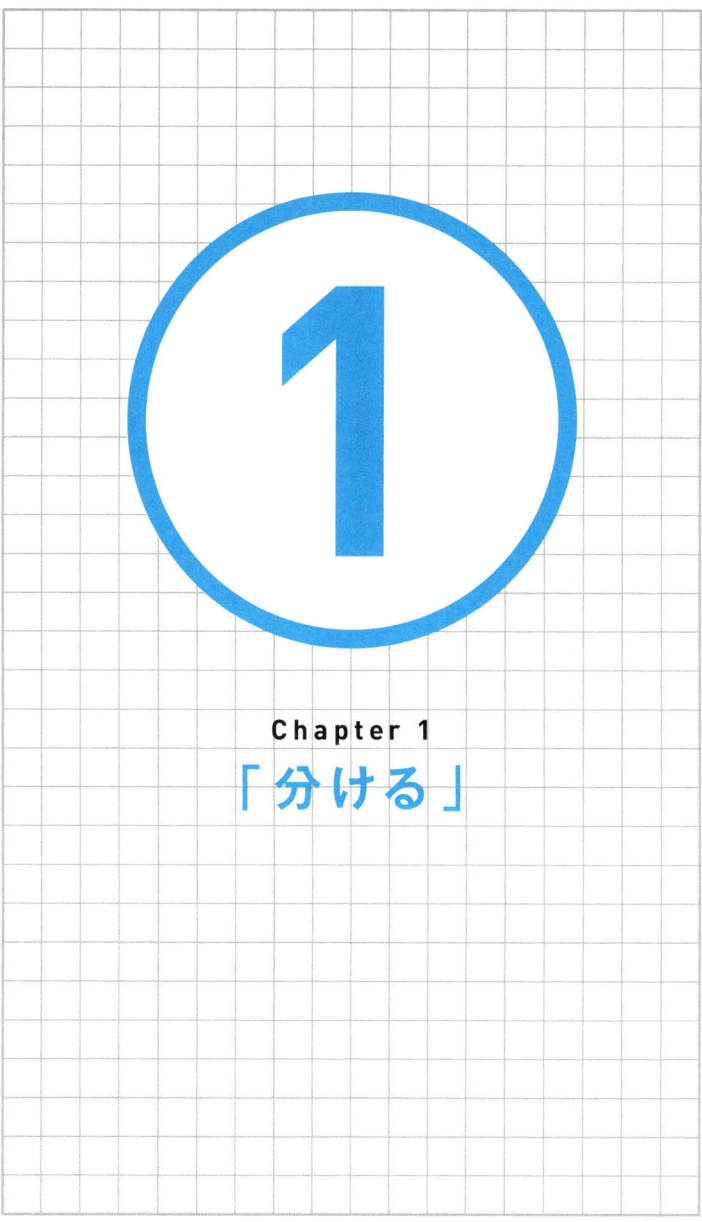

すべてのことを「分ける」

悩みの海から脱出するために

行きつけの書店の中を一巡りしたあと、友人が「昼飯を食おう」と言った。[※1]
なに食べようか、と私。でも彼は「なんでもいい」と。
「おいっ、なんでもいいは無いだろう。なんか意見を言うべきだ」とちょっと憤る私。でも彼は涼しい顔で言う。
「いや、本当になんでもいいんだ。オレはこだわることと、そうでないことを決めている。食事はこだわらない。だからおまえの好きにしていい」

それは高校1年の夏のこと。
衝撃だった。
世界が変わって見えた。

すべてのことに対して、対応の仕方を決めること。それが「分ける」だ。
この事柄に対しては基本的にこうする、こっちはこうする、を事前に決めてし

1

全てのことを「分ける」

オレはこだわることと、
そうでないことを決めている。
食事はこだわらない。
だから、おまえの
好きにしていい。

まえば、「悩む」ことは劇的に減り、時間のムダが無くなる。

人は「これをどうしようか」と悩むことに多くの時間を使っている。

ならばあらゆることに対して「これは悩む」「これは悩まない」と決めて「分けて」しまえば、多くの時間をムダにせずにすむ。

それには、あなたの悩みこそがトリガーになる。

悩んだら、一歩下がって考えよう。これは、悩むべきテーマか？　と。

※1 高校時代、福井駅前の勝木書店本店にほぼ毎日彼と通っていた。浪人時代も、同じ彼と駿河台下の三省堂本店へ毎日……。

悩み自体で時間をムダにしない

ホワイトカラーは悩みの海に沈んでいる

日本の生産現場の効率が世界最高レベルを競うのとは逆に、日本のホワイトカラーの生産性は先進国中最低とも言われる。※1

その職場での時間調査を見てみると、非常に多くの時間が「コミュニケーション（会議含む）」や「情報収集」「検討」「資料作成」に当てられていることが分かる。

それだけと言ってもいいいくらいだ。

でも非効率性の原因は実はそれ自体にはない。

生産現場と比べてみれば分かる。

ホワイトカラーの非効率の原因は「悩み」の蔓延、つまり「悩む」という作業に多くの時間を費やしていることにある。

生産現場にも日々難しい判断はあるし、みながエンジニア（改善・改革をする者）として働いている。でも「ムダな悩み」はほとんど無い。

みな、なにを判断すべきかすべきでないか分かっているし、自分で解決できないものはみなで取り組む。

2

悩むか悩まないかを分けよう

そこに「判断」や「検討」はあるが「悩み」(思考のムダ)は無い。

でも日本の心あるホワイトカラーはみなが悩んでいる。

作業をどう進めればいいのか、自分が判断すべきかどうか、判断が正しいのかどうか、上長に伝えるべきか否か……。

まずは「分ける」ことで「悩む」ということにかけていたムダな時間を省き、悩みの海から、浮かび上がろう。

※1 社会経済生産性本部によれば、05年の日本の労働生産性(就業者一人当たり付加価値)は、全産業で主要先進7カ国中、最下位。ただし製造業に限れば第2位。

自分の心の状態を知る

自分が「悩み」状態にいることを意識する

職場に限らず、まじめなヒトほど、困って悩んでいる。

もっと適当に人生考えられればいいのだろうが、そうもいかない。向上しよう、貢献しよう、楽しもう、などと真剣に考えれば考えるほど、逆に悩みが深くなる。


学生の頃は友だちが相談相手になるが、大人になると職場も違い、説明も面倒になって本当の相談はしにくくなる。でも同僚には打ち明けられない……。

そのうち、なにに悩んでいるのか分からなくなってしまうほど、この「悩み」という状態の支配力は強い。

大抵[※1]は悩んでもどうしようもないことだというのに。


一人で考えること自体は良い。

でも、**悩んだら負け**だ。

悩んでいると、ヒトは深く考えているつもりになるが、実は全く進んでいない。

検討に行き詰まった状態が「悩み」なのだから。

3

「悩み状態」を意識する

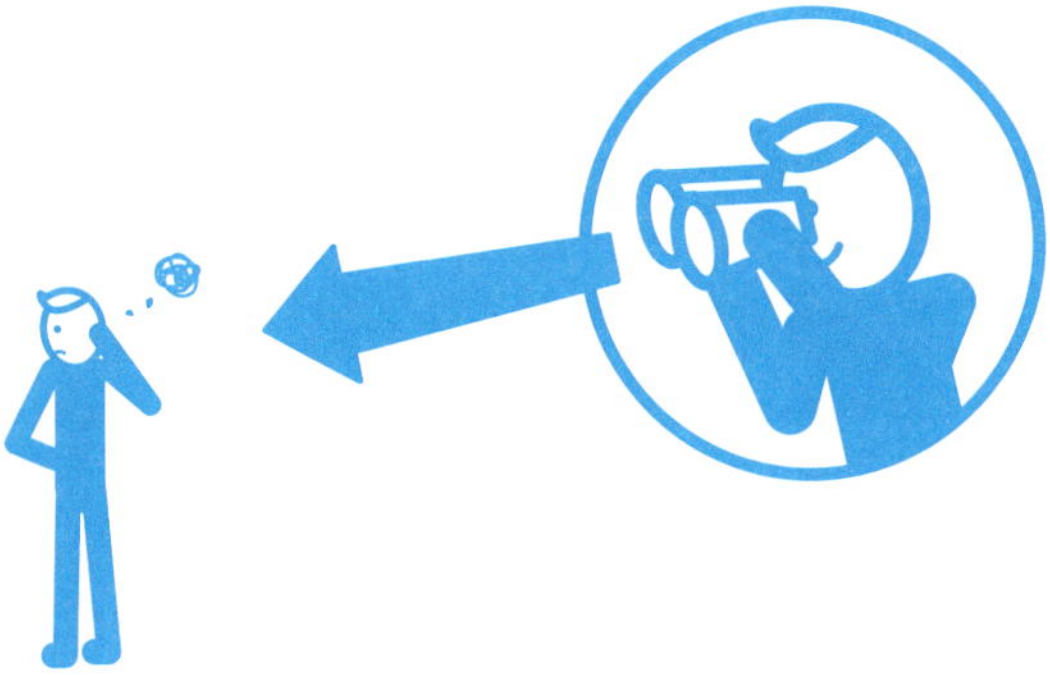

「悩み」の支配力が強いがゆえに、ヒトはそこに入り込んだまま出てこられなくなる。資料を作る手は止まり、同僚・友人との雑談に逃避する。

越えるべき壁なのか、回避すべき落とし穴なのか、それが大きいのか、小さいのか、高いのか深いのか、そういったことすら分からなくなる。

だからこそ、**まず自分の「悩み」状態を自覚することが、整理への偉大な一歩**なのだ。

「お、自分は今、悩んでいるゾ！」をまず意識しよう。

※1 ユーキャンによれば、新社会人の「悩み」の上位は「人間関係のストレス」「勤務環境（配属・人事異動・転勤）」「業績不振による報酬の伸び悩み」「リストラなどによる失職」。

自分の心を少しだけコントロールする

悩んでも良くならないものに悩まない

高校生に、関心ある大学の学科を聞くと、1位はなんと「心理学」だったりする。本当にその先の就職まで見極めてのことかどうかは怪しいが。

占い[※1]や血液型診断の例を出すまでもなく、日本人[※2]はとっても「自分を知りたい」国民である。

でも自分を「型」に当てはめているだけなので、自己の心（感情や思考）を正しく把握し制御することにおいて、長けているわけでもない。

本当に感情に振り回されないようにしたいのなら、まず**やるべきことは「感情自体を認識する」こと**だ。

自分が今どんな気分なのか、怒っているのか、焦っているのか、羨んでいるのか。それを常に意識すること。それができたら、もう半分勝ったようなものだ。

そして、その感情を、押さえるものと押さえないものに「分ける」こと。

ムリヤリ押さえることはない。

4

悩まない、焦らない

良くならないなら
悩まない

速くならないなら
焦らない

ただ、「意味があるか」「価値があるか」と問い直してみよう。

悩んでも良くならないもの→悩まない
焦っても速くならないもの→焦らない

これらはある種の、割り切りであり、あきらめ（諦念）でもある。

その悩みには意味があるか、その焦りには価値があるか。こう問い続けることで、悩みも焦りも、減るはずだ。

※1 認定心理士などの資格があるが、カウンセラーとしては相当の経験や訓練が必要。公務員の心理職も難関。

※2 人からどう見られているかも気になるから、主要なニュースには必ず「海外ではこう報道された」という取材までつく。

こだわりレベルを決める（1）

こだわらないモノやコトを決める

モノやサービスを買うときに、どれくらい**「こだわる」**だろうか。

野村総研は※1 1万人調査の結果として、「こだわる」購買スタイルの人が全体の約3割で、残り7割はモノやサービス自体にはこだわりがない人たちだとした。

でも、実際にはヒトはそんなにきれいに分かれない。一人ひとりの中で、こだわりのあるものや無いものは、渾然一体となり悩みを生み出している。

だからそれら各々に、こだわりの「レベル」を定義しよう。

「レベル」は、「こだわる／こだわらない」の2レベルでも良いし、「すごくこだわる／少しこだわる／全くこだわらない」の3レベルでも良い。でも、4レベル以上には分けないこと。覚えていられないし、結局悩む時間が増えるだけだ。

お客さんに対して出す提案書にしてもそう。

なにをウリにするかに沿って、提案書の中でこだわるべきポイントやレベルを明確にしないとイイモノにならないし、作業も大変になる。

5

こだわりレベルを決める

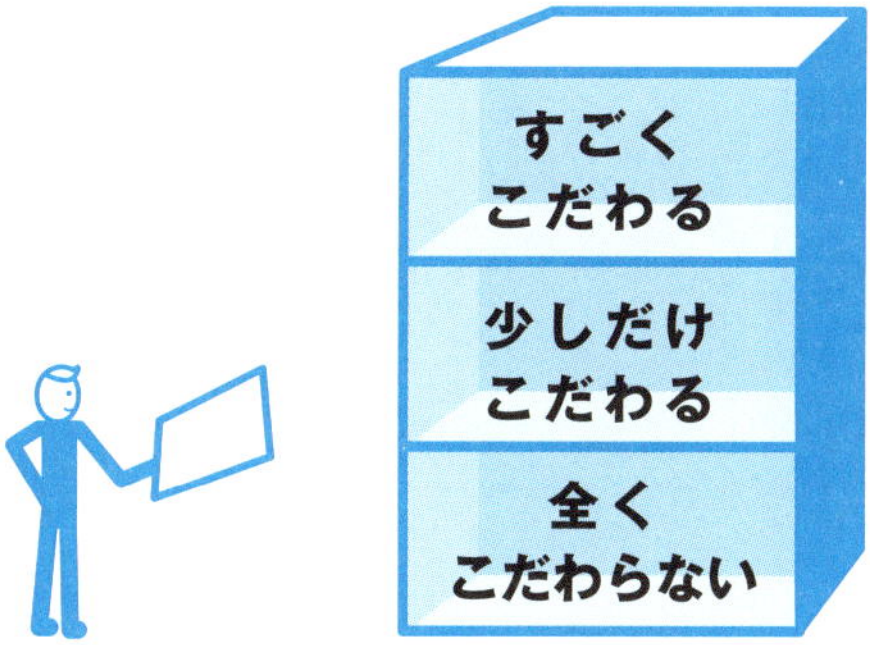

例えば、CMの提案だとして、

・こだわる――全体のストーリーと音楽（イメージでなくサンプルを作る）

・こだわらない――個々のパーツのできや詳細な業界・商品分析

という割り切りもあるだろう。実際これで百戦百勝を誇った人もいる。

ここでの目的は、**「分けることで悩む時間を減らす」**こと。

だから、「こだわらない」と決めるモノやコトは、思い切って多めに取ろう。

※1 調査としてはさらに、価格へのこだわりを組み合わせて、購買スタイルを4つに分類している。質と価格両方にこだわる「徹底探索消費」、両方こだわらない「利便性消費」など。

こだわりレベルを決める（2）

希少性や独自性を軸に自分のこだわりを意識する

こだわらないモノから決めていくのではなく、逆に、**こだわるモノから見定めていく**方法もある。

徹底的にこだわるモノがたった一つ（か二つ）決まったなら、それ以外は「どうでもいいモノ」「犠牲にできるモノ」となるだろう。

だからまずは、今の自分のこだわりを、冷静に見つめて意識しよう。

モノやサービスで言えば、ただお金や時間をかけているか否かではない。スキかキライかでもない。

いわゆる「こだわり消費」には、次のような特性[※1]がある。

・こだわるモノで品質や機能が良ければ、**3割以上のプレミアムを払う**[※2]

・品質・機能以外にも、コンセプトの**独自性、希少性やデザインを重視する**

自分自身についても、同じことが言えるのかも知れない。

6

どちらから決めてもかまわない

つまり自分が自分についてこだわるべきところは、ヒトや社会から、

・品質や機能の差で3割以上プレミアムを払ってもらえるようなところ

・コンセプトの独自性、希少性やデザインを示せるところ

なのだ。**それ以外では勝負しない**こと、こだわらずに流すこと。

※1 「生活者の感性価値と価格プレミアムに関する意識調査」経産省06年（N＝８００）をもとにした。

※2 全体の２％程度だが、極めてこだわりが強い場合には、価格プレミアムを6割以上払う。

こだわりレベルに合わせた時間配分をする

こだわらないなら考える時間をかけない

こだわりレベルが決まったら、次はレベル毎に、対応行動に差をつけよう。
例えば、「考える時間」にも差をつける。

・すごくこだわる↓納得するまで時間をかけて吟味する
・少しだけこだわる↓考える時間は5分まで
・全くこだわらない↓考えない／放っておく

といった具合だ。

対応行動は、考える時間だけでなくとも良い。「誰が考えるか」ということで差をつける作戦もある。

・すごくこだわる↓自分自身で調べて考える
・少しだけこだわる↓部下のAさんに任せる
・全くこだわらない↓誰でもいいから任せる

7

こだわり別に対応を決める

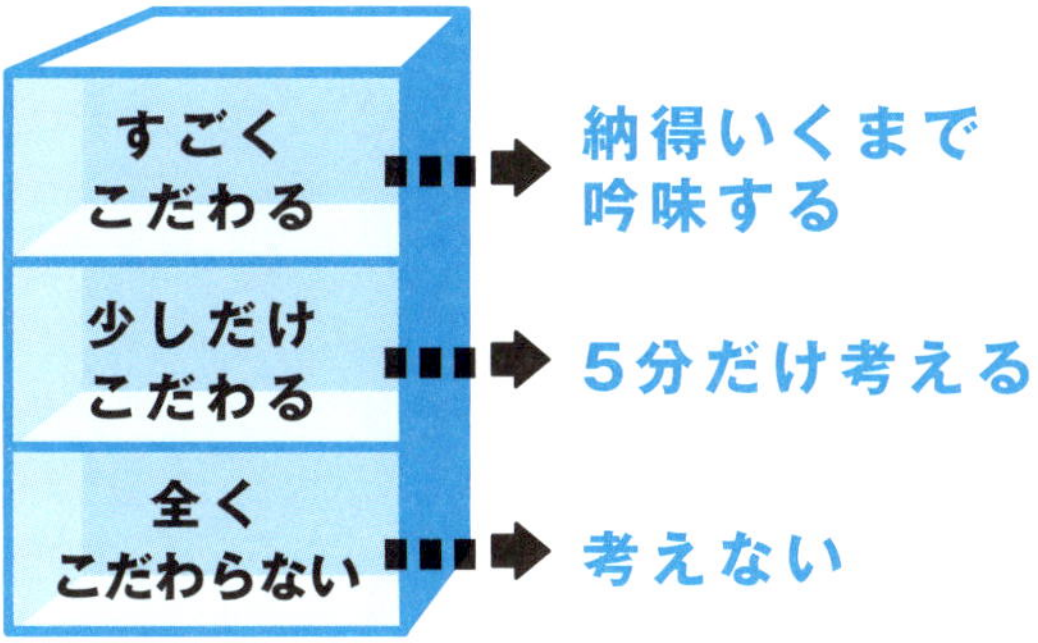

これだけで、自分が考えるべきコトが減り、整理すべき対象が減る。

全てのことにこだわらなくなれば、それはそれで素晴らしいが、それはほとんど仏[※1]の世界。凡人にはムリである。

ただ、その方向にわずかでも進むことを努力しよう。

その第一歩が、こだわらないモノやコトを決め、そこへ時間や気をつかうことをやめることだ。

※1 仏教に言う「解脱」とは、自分の心や身体を自在に制御できるようになった状態のこと。全ての束縛から逃れた究極の姿。

決め方を決める

「判断基準」を自分ルールとして作る

なにかを決めるとき、最終決定を得るにはさまざまな方法があるが、日常においては「決め方」自体が曖昧な場合が多い。

なので決め方を決めるだけで時間がかかり、悩むことになる。


自分一人のことだったとしても、そうだ。

主観で決めるのか、客観的に分析するのか、確率論かリスク重視か。

なにを基準にしてどう軽重をハカるのかは、対象によってまた状況によって変わるだろう。多少でもこだわるモノにおいて、どう決めるのか。特に悩みそうなものにおいてどうするかは難問だ。


カンでなく、まじめに考えて決めるとすれば、決めるというのは、ある「判断基準」に照らして、それに合うか合わないかを見定めることと言える。

ゆえに**決め方を決めるとは、結局のところ「判断基準」[※1]を作ること**になる。

基準をどこに置くのか、どこに判断の線を引くのかは簡単ではないが、自分の

8

判断基準を作る

ことであれば、勝手に「自分ルール」を決めればいい。

・仕事選び→友人や社会のためになるかで選ぶ【価値観を基準】

・消費行動→10万円以上は家族と相談、服は月1万円まで【制約条件を基準】

自分自身の判断基準を作ろう。なにをどう決めるのかを決めよう。決め方を決め、分けられればこだわりの中でも動きやすくなる。

※1 オールアバウト社長の江幡哲也さんの事業に対する「判断基準」は「動機 善なりや、私心なかりしか」である。もともとは京セラ創業者である稲盛和夫さんの言葉とか。

想定外のときの決め方を決める

「迷ったらどうするか」を決める

せっかく判断基準を作って、それに照らして決めようとしても、実際には想定外のことが起こってわれわれを悩ませる。

いわゆる**「判断に迷う」**状態だ。そういったとき、どうすればいいのだろうか。

ここでも、決め方を決めておくことが有効だ。

・迷ったら「最初の感覚」を信じる
・迷ったら「より分からない方」へ進む
・迷ったら「素人の意見」に従う
・迷ったら「一段上がって大局的に正しいこと」を言う

最初の2つは棋士の羽生善治さんの言葉でもある。

「より分からない方」へ進むというのは不思議に感じるが、迷うということは勝ちに自信がないということ。そうであれば、相手にも「分からない」方向に進んだ方が、勝機が拓けるという考えからくるものだ。

9

「想定外」に出会ったら……

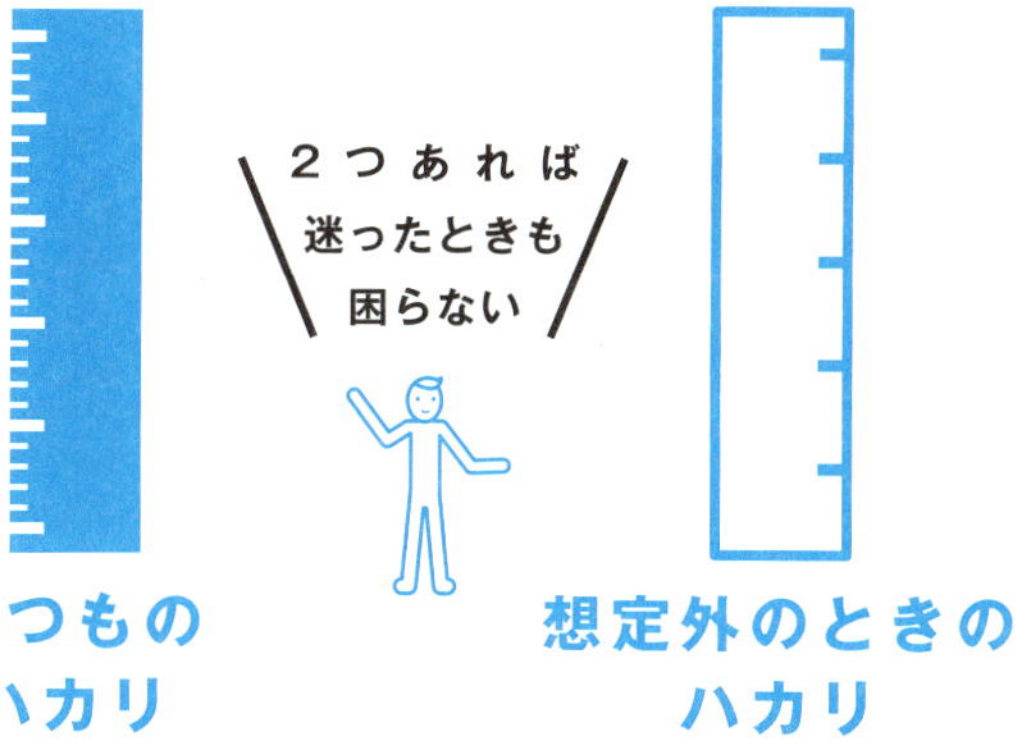

2つあれば
迷ったときも
困らない
いつものハカリ
想定外のときのハカリ

まともにやってダメならジャングルに誘い込んでゲリラ戦、白兵戦に持ち込む、ということろか。

最後のものはコンサルタント[※1]にとっての金言でもある。

具体的、詳細な分析をやっても方向性の判断がつかないとき、多少抽象的にはなるが大局の流れで判断しようということだ。

迷ったときの対処法が決まっていれば、鬼に金棒、焦ることがなくなる。

※1 BCGでの先輩 古谷昇さんの言葉。

実際に「分けて」みよう

「こだわり・決め方マトリクス」で分ける

【例　スーパーでの買い物】

日本の専業主婦は1日平均51分、週35時間以上就業の妻は同じく22分を、買い物に費やしている。

頻度は2日に1回弱程度なので、1回当たりはこの各々倍くらいであろう。[※1]

1回当たり1〜2時間の買い物を、効率的にするにはどうすればいいだろう。

スーパーでは大抵の場合、最初に「切れそうなもの」を急いで買い、次に「今日明日の献立用のもの」を買い、最後にちょっと「衝動買い」をする。

いずれのときでも、どれを買うか買わないか決めるのに悩むことになるので、「分ける」は結構役に立つ。

例えば「こだわりレベル」と「決め方」で分けてみよう（判断基準は「品質」と「価格のみ重視」のどちらかだとする）。

それで商品群を4つに分けて、各々の行動スタンスを決める。

10

スーパーでの買い物を分ける

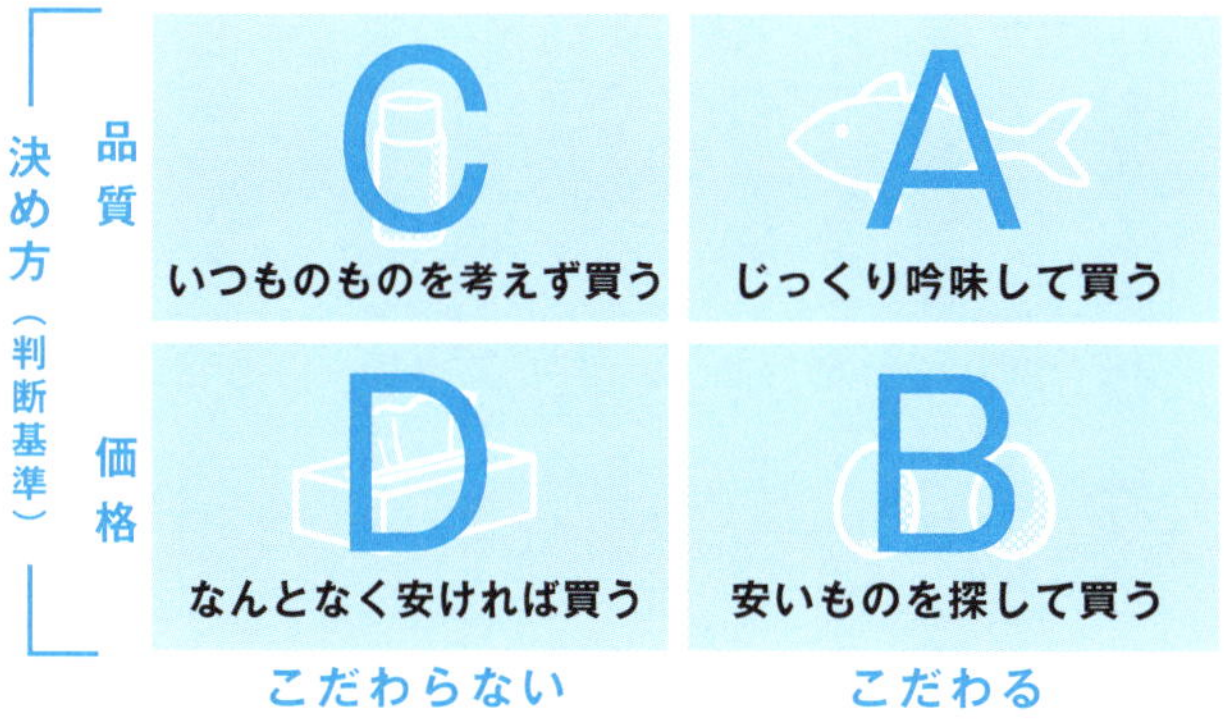

品質
価格
決め方（判断基準）
C
いつものものを考えず買う
A
じっくり吟味して買う
D
なんとなく安ければ買う
B
安いものを探して買う
こだわらない
こだわる

A こだわる&品質重視→「質をじっくり吟味して買う」

B こだわる&価格重視→「一番安いものを探して買う」

C こだわらない&品質重視→「いつものやつを考えずに買う」

D こだわらない&価格重視→「安ければ買う」

調べて探して考える時間はバカにならないし、それこそが「悩み」の元になる。

この「こだわり・決め方マトリクス」があれば、毎日の買い物も整理できる。

※1 毎日が26%、隔日が30%、3~4日に1回が34%、週1回が8%。フルタイムワークの女性の場合、週1回が15%に増えるがあとは大差がない（リビングくらしHOW研究所調べ）。米国ではほとんどが週1回。

次に仕事上の付き合いを分けてみよう。

【例　仕事上の付き合い】

全てを言われるままに引き受けていては、文字通り身が持たない。

相手によって「分ける」ことは当然あるだろうが、ここでは、付き合いのタイプ毎（接待ゴルフ、飲み会、合コン、ホームパーティなど）に考えよう。

ここでも「こだわり・決め方マトリクス」を使う。

ここでのこだわりは、自分がそのタイプの活動が好きか嫌いか、個人的にも時間をかけているかで分けてみよう。

決め方の判断基準としては、[※1]**費用とする。**

最近は、仕事上の付き合いもほとんどが自腹だから、1回5000円を超えるか否かで対応スタンスを変えることとしよう。

これで4つに分けると、

10

仕事の付き合いを分ける

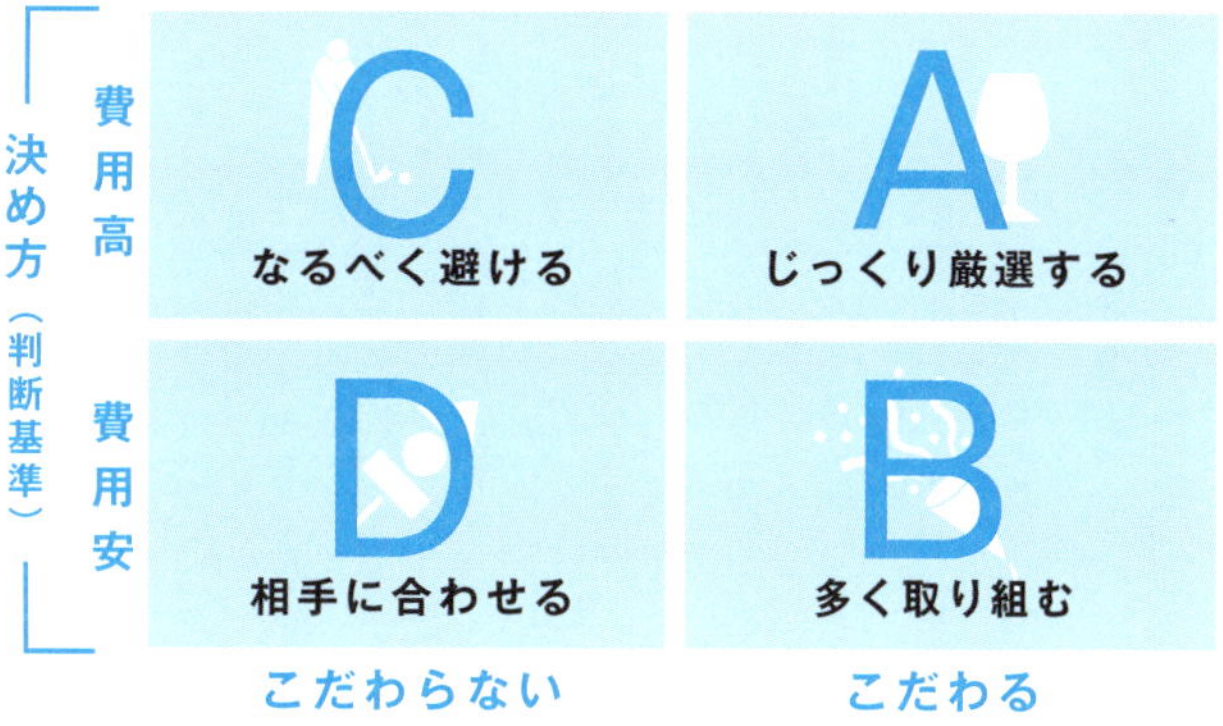

A こだわる&5千円超→「じっくり厳選する」

B こだわる&5千円未満→「多く取り組む」

C こだわらない&5千円超→「なるべく避ける」

D こだわらない&5千円未満→「相手に合わせる」

というところか。

これを密かに定め、そしてお客さんや同僚たちにも浸透させていくことで、あなたの「隠れた残業」はかなり整理されるはず。

※1 他には「所要時間」も重要な軸。時間を大切にする人ならこちらを使おう。もちろん「期待されるリターン」も重要だが、これは前提？

【例　プロジェクト提案書】

いよいよ、仕事自体をこの「こだわり・決め方マトリクス」で分けてみよう。仕事といっても色々ありすぎるので、お客さまへの提案書作成だとする。あなたはあと2週間で5つの提案をこなさないといけない。

全部正面から取り組んだらきっと「渋滞」して、どれもまともなものにならず全滅だ。それなら思い切って「分ける」べし。

こだわる、は個人としてでもいいし、組織としてでもいい。

絶対取りたい案件なら「こだわる」し、そうでなければ「こだわらない」だ。

案件自体が面白そうだから、という個人的興味でもいい。

決め方の判断基準としては、提案書作成の「工数」としてみよう。

全社改革プロジェクトなら、どうしても作成工数がかかるが、一部署の話なら専門家が一人いればいい。

これで4つに分けると、

10

提案書を分ける

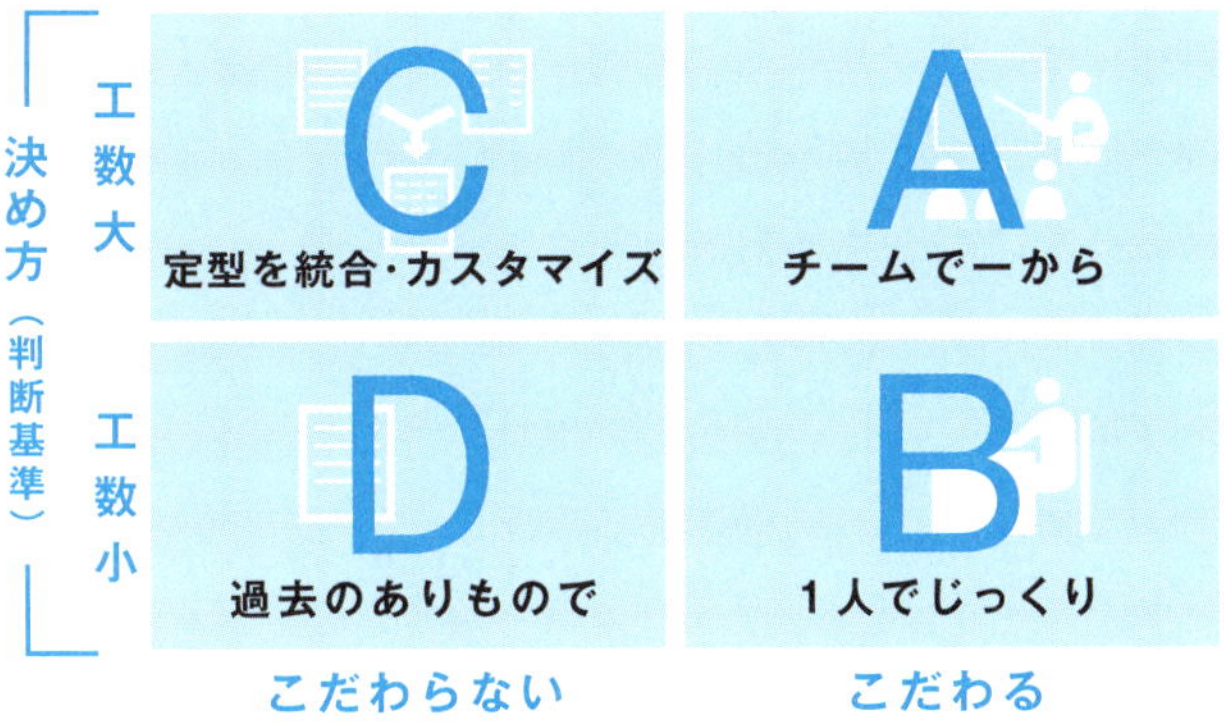

A　こだわる&工数大↓「チームで一から作る」

B　こだわる&工数小↓「一人でじっくり作る」

C　こだわらない&工数大↓「定型のものを寄せ集めてカスタマイズする」

D　こだわらない&工数小↓「過去のありものですませる」

言ってみればC・Dは、これで対応可能な案件しか追いかけないということだ。[※1]思い切って割り切ってこそ、仕事は整理され、良い提案書ができる。

※1　AとBが合わせて3案件くらいが、同時にちゃんと進行できる限界か。

コミュニケーションルートを分ける

面談、電話、メモ、メール、ML、掲示板を使い分ける

もう一つ「分ける」といいものがある。

それは**コミュニケーションタイプ**だ。

要件や相手によって、これをちゃんと分けて決めておくと、迷いが無くなる。

・一方通行でいい通知型のものはML（メーリングリスト）や掲示板で
・意見の応酬で双方向になる議論型のものは面談か会議で

これが、基本だろう。

ここで電子メールをどう使うかが問題になる。できればなるべく多く使いたい。


複数の相手に正確な情報を共通的に流すには、メールが極めて効率的だ。

電話や会議のような時間的制約が少ないし、考える時間もある。

書かれた文章なので曖昧に流れなくてすむし、送られた方も、返信によって意見の表明が簡単にできる。

11

コミュニケーションルートを分けよう

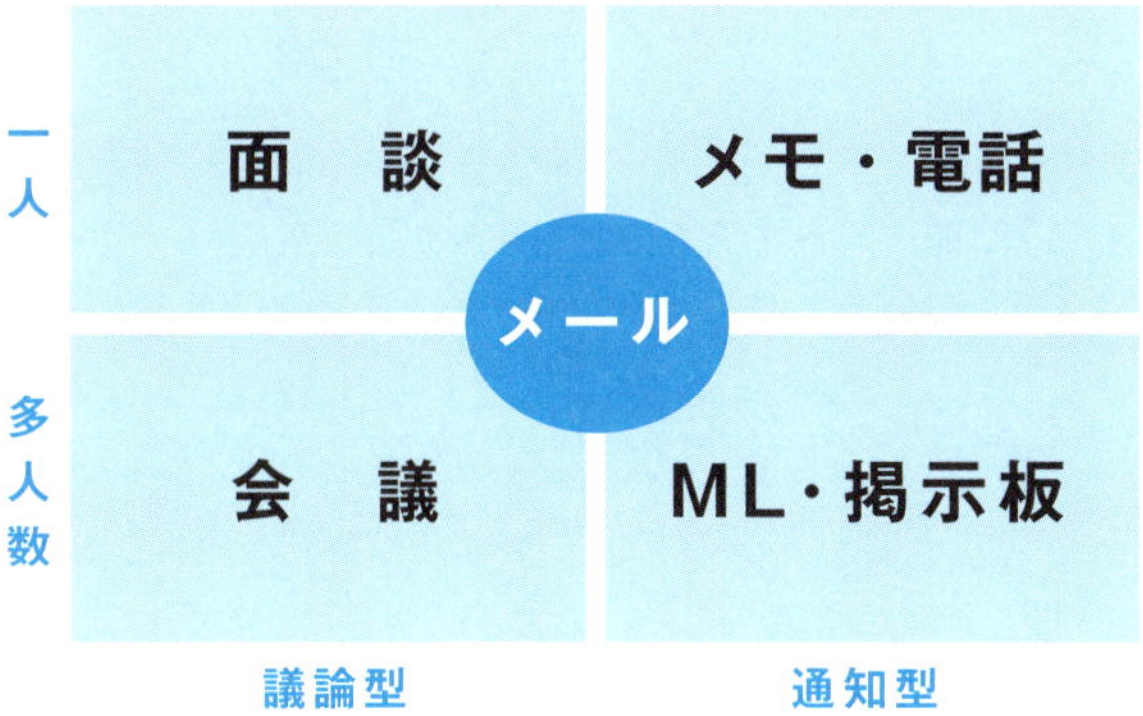

相手が一人であっても、効率面から使うことも多いだろう。

しかし、[※1]**メールには「もつれるとややこしい」という弱点**もある。

基本的に議論には向いていない。時間的にバラバラになるし、なぜか感情的になる。それが文章の形をとっているからなおコワい。

だから、相手によって、内容によって、もつれそうかを判断し、コミュニケーションタイプを分けよう。

そして**万一もつれたらすぐ、面談や電話に切り替えること。**

※1 他にも「誰に見られるか分からない」「出したら途中で止めるのは困難」「公式発言として記録に残る」等々の弱点あり。

コミュニケーションルートとして、90年代は**ボイスメールシステム**[※1]が外資系の会社を席捲《せっけん》した。

電話と統合されたそれは、留守電としても、肉声でのメッセージ交換システムとしても画期的なものだった。

遠隔地からも自分のメールボックスをチェックし、自分宛に残った伝言を、いつでも聞くことができる。

返信も自由だ。

携帯電話の普及とともに、その価値はどんどん高まった。

しかし電子メールが発達するにしたがって、その不便さが目立つようになった。

記録として残しておくことが難しく、検索性も一覧性もないからだ。

若手コンサルタントは、利便性の高い電子メールに当然のように移行した。

ボイスメールは、使わないし聞かない。

11

メインルートは絞る

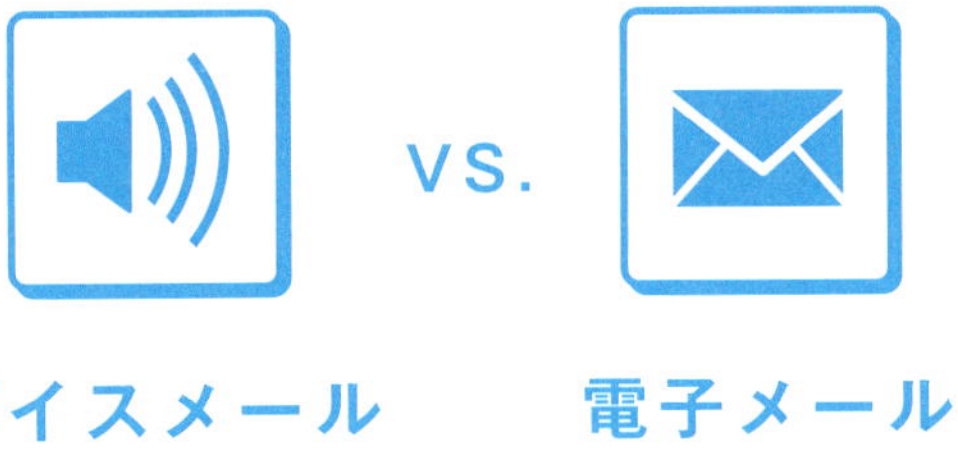

ところが電話好きで、電子メール嫌いの年配幹部たちは、ボイスメールしか使わない。

結局しばらく、大事なコトは両方で伝えるという[※2]とんでもない非効率が発生した。

コミュニケーションのルートは、なるべく絞った方がいい。

だからコミュニケーションルートを「分ける」にしても、あまりバラバラにしないこと。

かつ（必要な）記録を残し、あとで確認するという観点から言えば、メールやMLが望ましい。

※1 オクテル（Octel）が有名。「オクテルする」と使われたほど。今はAvaya社傘下。

※2 日に十何通と「組織からのお知らせ」的なボイスメールと電子メールが届き、うち半分以上は同じものだった。

CHAPTER 1
何が整理されたのか：分ける
チェックリスト

7. □ **こだわりレベルに合わせた時間配分をする**
こだわらないなら考える時間をかけない

8. □ **決め方を決める**
「判断基準」を自分ルールとして作る

9. □ **想定外のときの決め方を決める**
「迷ったらどうするか」を決める

10. □ **実際に「分けて」みよう**
「こだわり・決め方マトリクス」で分ける

11. □ **コミュニケーションルートを分ける**
面談、電話、メモ、メール、ML、掲示板を使い分ける

Chapter 1
CHECK LIST

1. □ **すべてのことを「分ける」**
悩みの海から脱出するために

2. □ **悩み自体で時間をムダにしない**
ホワイトカラーは悩みの海に沈んでいる

3. □ **自分の心の状態を知る**
自分が「悩み」状態にいることを意識する

4. □ **自分の心を少しだけコントロールする**
悩んでも良くならないものに悩まない

5. □ **こだわりレベルを決める（1）**
こだわらないモノやコトを決める

6. □ **こだわりレベルを決める（2）**
希少性や独自性を軸に自分のこだわりを意識する

MITANI'S COLUMN ①

コンサルタントは「分ける」で勝負する

留学後の失敗で分かったこと

フランスへの留学後初のプロジェクトで、大いに苦しんだ。29歳の春だった。

プロジェクト自体はうまく行ったが、私自身の評価は惨憺《さんたん》たるもの。

※1「お前も1年遊んでボケたな」と当時の上司に言われたのを覚えている。

私の担当テーマが難しかったのは事実だが、「ブレークスルー」が出ず、今思い返しても歯がゆく苦しい数ヶ月間だった。

プロジェクトが終わったあと、「ボケたな」の他にもう一つ上司に言われた。

「今回はお前の強みが見えなかったな」

そのとき初めて気がついた。

私に強みなどというものがあることを。

もっと早く言ってくれよと思いながら、恥ずかしさを押し殺して上司に聞き返す。


「私の強みってなんなんですか？」


上司曰く「割と早めに面白いことを見つけてくる」「そしたらそこに集中してすごく深掘りをする」云々。

そう、**私の強みは「分ける」ことだった**のだ。

言われてみれば思い当たることはいろいろある。

プロジェクトの最初に幅広く見たあと、すぐ「こだわる」部分を決める。他はほとんど無視。

そして出てくるいろいろな情報の取捨選択方法、つまり「決め方」も定まっている。面白さ（適度なジャンプがあるか）優先だ。

「分ける」ことこそが、中途半端でない、深いアウトプットへの道だった。

※1 ちなみに彼「も」海外留学経験あり。彼の場合は丸2年間、スタンフォード大のＭＢＡに留学していた。

2

Chapter 2

「減らす」

モノの総量を減らすとは？

動く車を減らさないと、渋滞はなくならない

首都圏や関西圏で、高速道路に流入する車を減らそうとしたとする。**簡単なのは値上げ**すること。そうすれば、急いでいる車しか乗らなくなる。でも、それで渋滞が少なくなって目的地に早く着けるようになると、高速道路の価値が高まり利用する車が増える。で、また渋滞する。一般道にしても同じ。道を広げて便利にすれば、駐車場で寝ていた車が起き出してくるだけ。永遠に渋滞はなくならない。

なので**シンガポールでは車の数をそもそも「減らして」いる。**ナンバーの末尾が偶数の車しか街に入れない曜日、とかで動ける車を減らす。さらには、強烈な関税と許可制で、車の数そのものを強く制限しているのだ。道を広げようがない国の、究極の自衛策だ。※1

渋滞をなくす大きな打ち手はもう一つある。それは**相乗りを増やす**こと。乗用車の価値は個人が好きなところに行けることにあるが、ゆえに平均は1.3

1

車を減らす！

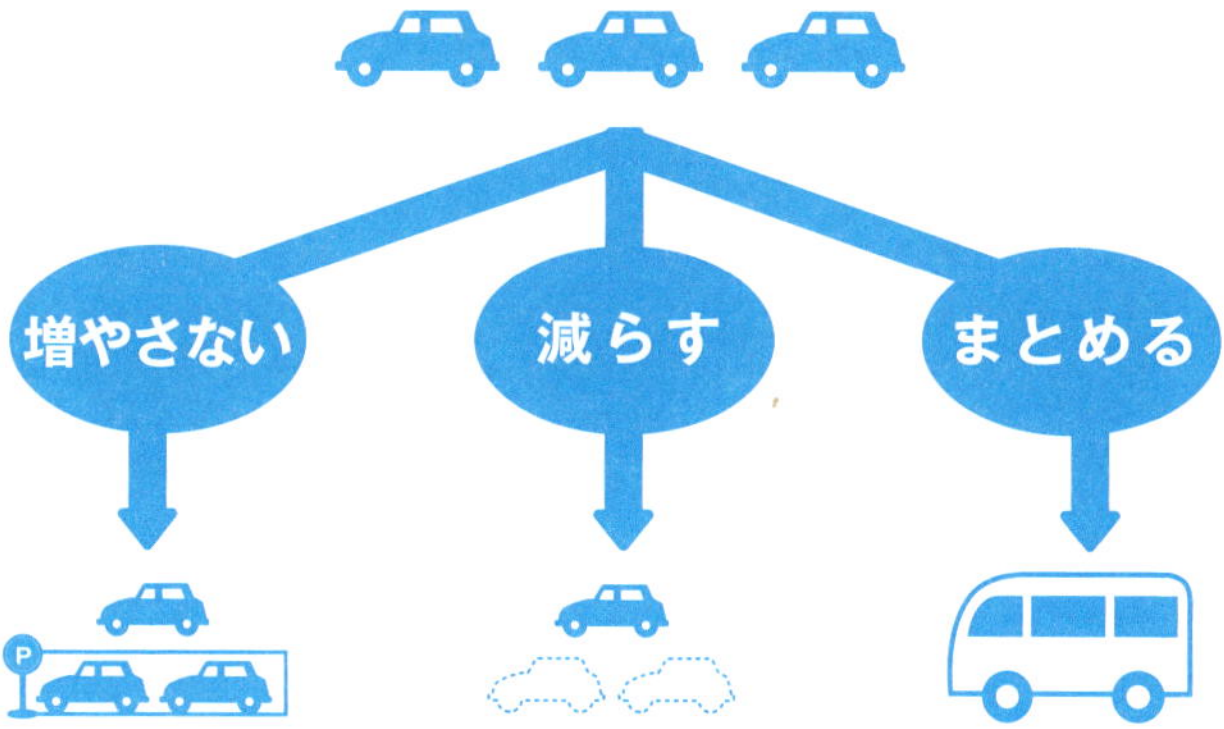

名くらいしか乗っていない。

それを倍にすれば、車の数は半分になり、バス化すれば数分の1になる。みながちょっとずつ不便を我慢すれば、渋滞[※2]は劇的に解消されうるのだ。

だから、仕事の渋滞を抑制するには、①寝ている車（不要な仕事）を起こさない工夫、②車の数（元々の仕事量）を減らす工夫、③車をまとめる工夫（仕事の並列化）が必要ということ。

ここではそれを見ていこう。

※1 中国上海で最近片道6車線の道路が造られた。当初大き過ぎると批判されたが、もう渋滞している。

※2 他に交通手段がない田舎では話は別。あくまで大都市での渋滞の話。

面倒な部下になって仕事を減らす（1）

とりあえず上司に仕事を打ち返す

上司から見て**「便利で楽な部下」になることは、ある意味最悪の状態**だ。なぜなら仕事が無限に降ってくるから。

そうなったら、分けようが道路を広げようが**ムダ**だ。

あなたの人生は仕事の渋滞の中に沈むことになる。そして、生産性は下がり、結局「安請け合いするだけの部下」に……。

その負のスパイラルに陥らないようにするためには、上司から見て「面倒な部下になる」こと、重要でない仕事が降ってこないようにすることが必要だ。

- ・すぐうんと言わず、上司自身に考え直させる
- ・すぐ携帯電話でつかまらないようにする
- ・過剰に報連相[※1]しない

降ってくる仕事を減らすには、それしかない（もちろん、それで生産性を上げて、良い仕事をすることが絶対条件）。

2

上司にシゴトを打ち返す

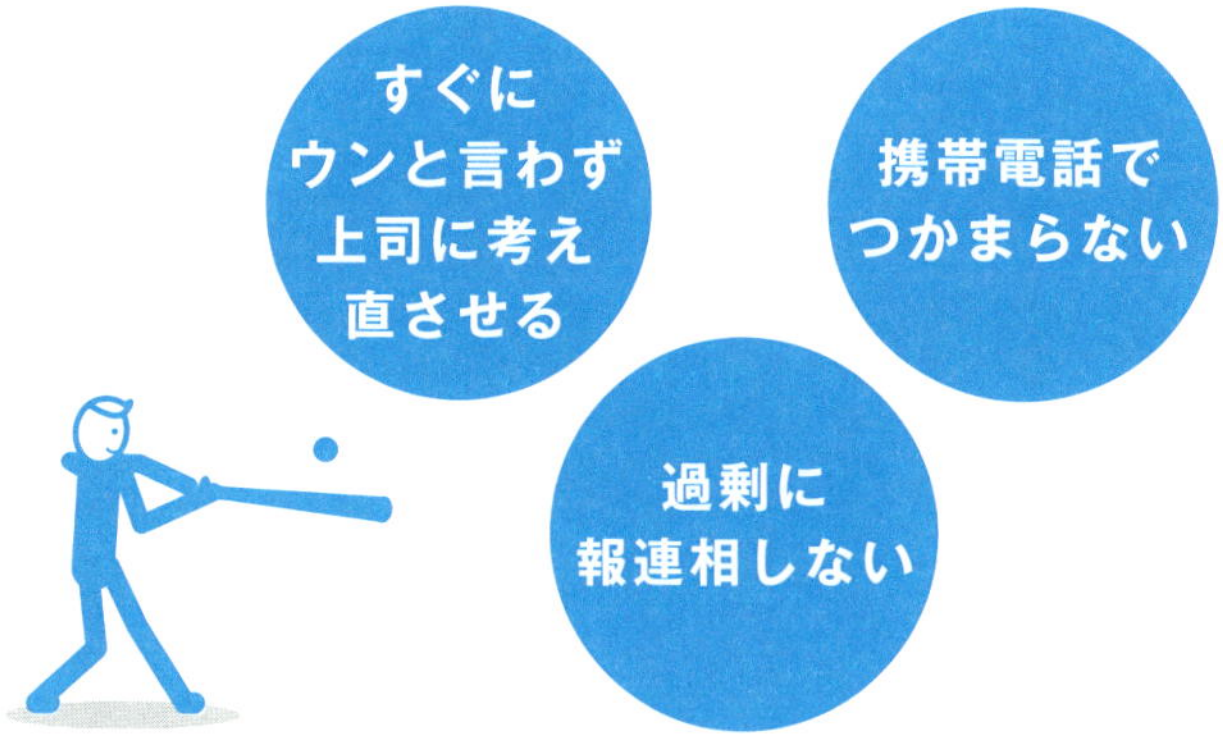
すぐに
ウンと言わず
上司に考え
直させる
携帯電話で
つかまらない
過剰に
報連相しない

そういった、**良い仕事はするがちょっと面倒くさい部下になろう。**

その決意なくして、無限仕事地獄から逃れるすべはない。あなたが「優秀」ならなおさらだ。

意識して欲しい。

あなたは今、渋滞の中にいる。

生産性は極めて低い。そこから脱出するには、まずは仕事を減らして渋滞状態から抜け出すこと。それを少しでも試みよう。

※1 報告、連絡、相談のこと。

面倒な部下になって仕事を減らす（2）

上司に仕事の目的を質問する

もちろん、上司に仕事を頼まれたとき、なかなかイヤとは言えないだろう。

でも、**価値の低い仕事たちの発生源は、多くの場合「上司の思いつき」**なのだ。

それをいかに防止し、いかにブロックするかが勝負。

だからこんな質問で、上司にちゃんと考えてもらおう。

・最終的な目的はなんですか
・他の仕事とどう関係していますか
・私の他の仕事との優先順位[※1]はどう考えますか

う～ん、こんな部下がいたら、確かに面倒くさい。

でも、だからこそ上司はちゃんと考えるようになる。思いつきで仕事を投げづらいから、ムダな仕事が減る。


新入社員[※2]当時、一緒に組んだコンサルタントからよく言われた。

3

上司に質問する

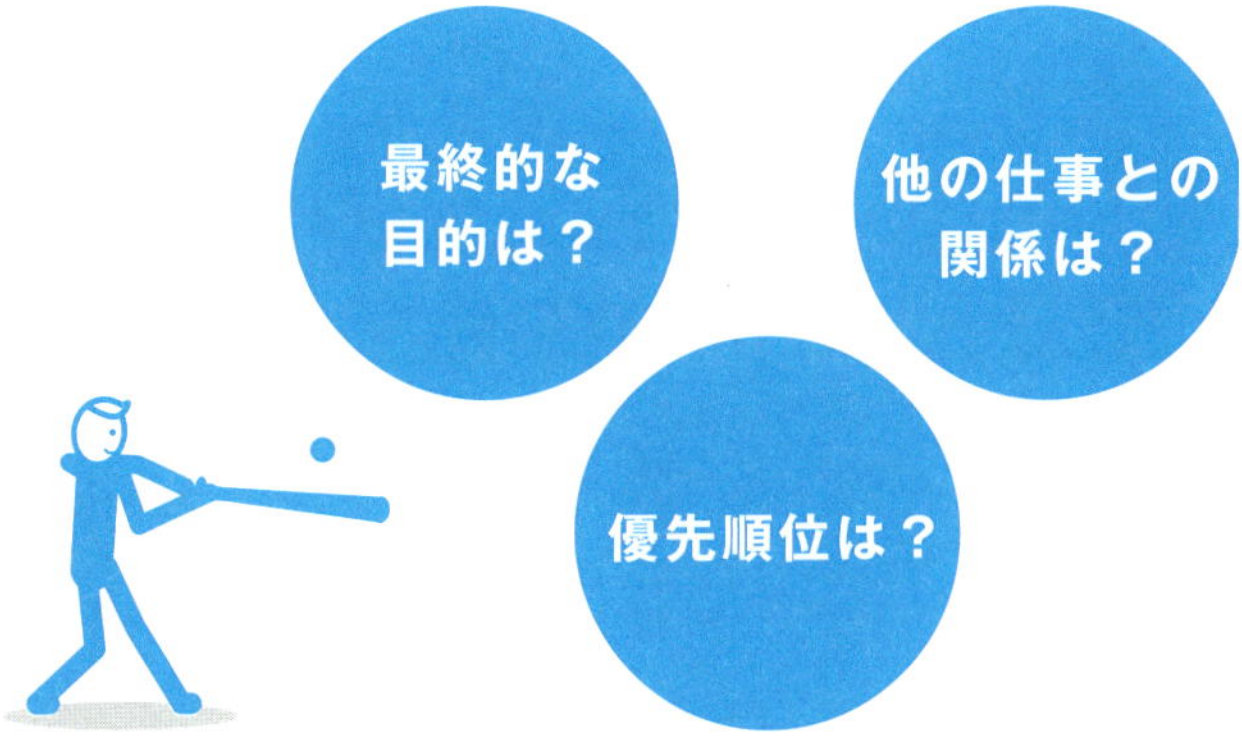
最終的な目的は？
他の仕事との関係は？
優先順位は？

「ミタニクンって、すぐやってくれないから面倒くさいんだよねぇ」

生意気でスミマセンでした！

でもここは外資系コンサルティング会社。プロジェクトには全て明確な期限と資源と個人評価がある。

思いつき仕事に全部付き合っていたら、死んじゃう。

「思いつき仕事」っぽいものがきたら、とりあえず打ち返して、上司にちゃんと考えてもらおう。

大丈夫。大事な仕事なら、明日また必ず上司はくる。

※1 そのためにも、仕掛かり中の仕事はいつもリストアップしておくこと。

※2 中途の新人コンサルタントたちは多くが「体育会系」「上意下達」の日本企業出身。

しばらく待つ

曖昧な状態のまま引き受けない

火中の栗を拾う[※1]、という言葉がある。見るからに明らかな、危険な仕事を引き受けてしまった、といったような意味だが、どうせならこっちの方が良い。ダメなのはおいしそうな生栗を食べること。消化不良で、お腹をコワす。

上司からの業務命令は、まだ、責任の所在や打ち返す相手がはっきりしているから良い。ところがよくあるのが**「なんとなく問題だとみんなが分かっているけれど、誰の管轄だかよく分からない」**というものだ。放っておくのも気持ちが悪いし、将来的にきっと自分の身にも災いが降りかかる。だったらどうにかすべき、なのだが、その曖昧な状態のまま手を出してはいけない。

みんなが真剣にその問題を考え、かつ、実際に困るまで、慌てず待とう。すばやく対応するのも良いけれど、そうしたらきっとみんなは勝手に言い出す。「こうした方がいいのに」「やるならちゃんとやれ」「いや、応急処置でいい」「そ

4

引き受けるタイミングも大事

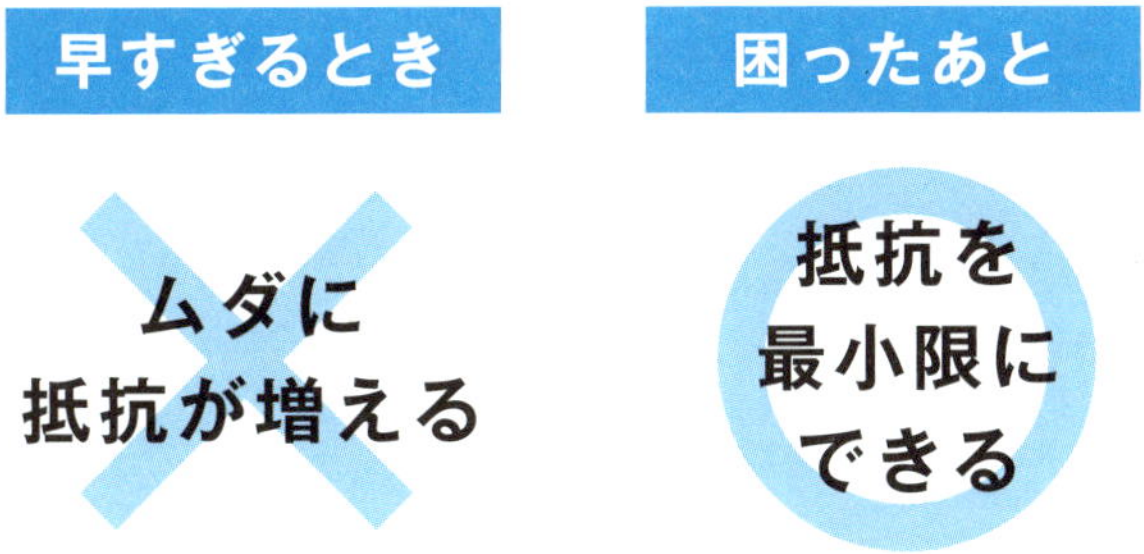
早すぎるとき
ムダに抵抗が増える
困ったあと
抵抗を最小限にできる

もそもアナタがやるべきなのか」。

みんなが困ったあとなら、その仕事は格段に簡単になる。改善されるありがたみを理解できて、変な抵抗をしなくなるからだ。

仕事を簡単なものにすることで実質的に「減らす」。

そのために、待つ。

みんながちゃんと困るまで。

※1 元はフランスの諺。猿におだてられた猫が、囲炉裏の中の栗を拾って大火傷した（栗は猿が食べた）という、17世紀の詩人ラ・フォンテーヌの寓話。

キーワードだけをメモする

思い返せないことは忘れよう

本当に大事な仕事なら、上司に打ち返してもちゃんと返ってくる。

そして、**本当に大事なことなら、ヒトはちゃんと覚えている。「キーワード」さえあればいい。**

あとでメモにあるキーワードを見返して、思い出せないようなら多分それは「大事なコト」ではなかったのだ。潔く、忘れよう。

メモやノートのとり方、その様式や方式には「東大式」「100円ノートに全て書く」「裏面を使うな」「3本線式」等、さまざまな形が提唱されている。どれでもいい。

一つ選んで、そこからスタートしよう。

もしくは、左がスケジュール、**右がメモ欄になっている手帳**[※1]**で代用するのでも良い。**どうせ書くのは「キーワード」だけだからだ。

このとき、左の「スケジュール」のどれにそのキーワードが対応しているのかが分かれば、あとで思い出すのに一石二鳥。それで思い出せるものだけに集中する。

5

キーワードだけのメモを取る

手帳にキーワードのみ。これでまた、対処すべき業務が自然と減らせるハズ。

ちなみにチームでインタビューや討議をするとき、メモをとる価値は、もう一つある。それはメンバーへのブロックサイン。

「ここは大事なところだよ」「ちゃんとメモしといてね」

このためだけならキーワードすら要らない。メモをとるフリだけで十分だ。

※1 私の愛用はBindexの「週間ゾーンタイプ013」。1週間のスケジュールが左で、右がメモ欄。他には1日1ページでスケジュールとメモを書く、「ほぼ日手帳」もオススメ。

携帯電話には出ない

ムダな「至急的対応」をしない

今の携帯電話の問題は、相手に自分の状態が「事前に」分からないことだ。メッセンジャー[※1]のように「取り込み中」「離席中」等が分かれば、相手は電話することなく、次の連絡手段やタイミングを考える。

しかし今は、掛けてみて、呼び出し音が鳴って、そのあとでないと状態が分からない。

なのでこちらが長時間の会議や移動中で出られないときでも、相手は勝手にイライラを募らせる。

最悪だ。

もう一つの問題は、至急でもないのに至急的対応を迫られるということだ。

メールであれば、ながら対応もできるが電話ではそうもいかない。しかも携帯電話の場合、いつでもどこでも今の業務を止めて対応することになる。

いわば「緊急の仕事」を増やしているのと同じだ。これを、減らす。

だから、**仕事中は携帯電話には出ない。**

6

携帯電話は取らない

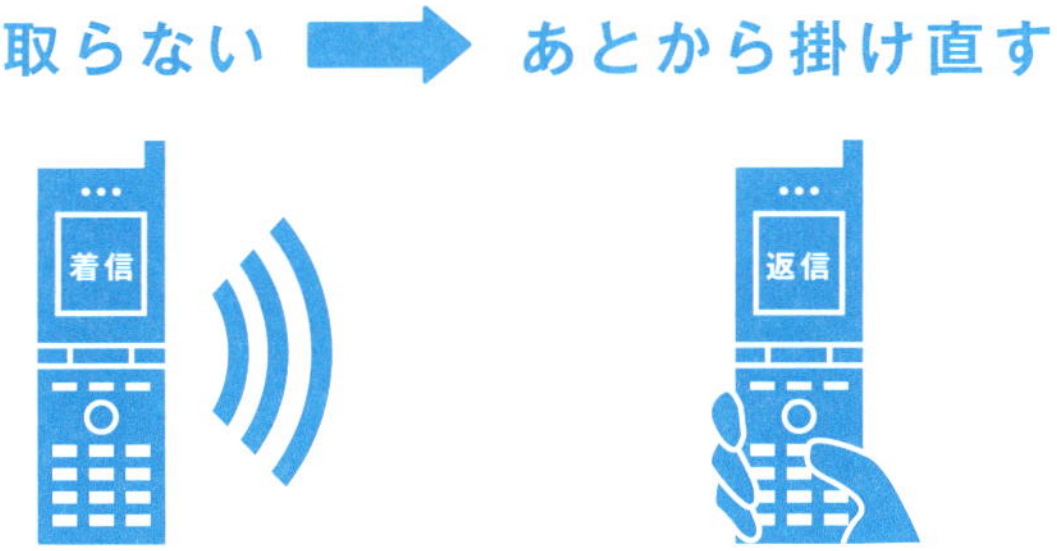

不要な緊急対応を半減させる

残されたメッセージを聞いて、すぐ掛け直すべきかあとにするのか判断する。

メッセージもなく、残された番号も知らないものであれば、放っておくか、12時間後くらいの対応にする。

携帯電話の番号も、一部の人にしか知らせない。普通は会社の直通電話での留守電メッセージか、メールで十分だからだ。

これらだけでも「隠れた緊急対応」が半減するだろう。

※1 マイクロソフト、ヤフー、AOLが有名。気軽にできて、仕事をしているようにも見えるので、隠れた私語、雑談の温床ともなっている（爆）。

メールの極意（1）

即レス・全員への返信をしない

1日席に座っていると、1日当たりのメールが100通を超えたりする。

一方、1日外出で席に夕方しかいなかったりすると50通に落ちる。でもその分仕事が滞ったかというとそうでもない。

これはなぜだろうか。

一つは**即レスによる「メールのチャット化」**だ。

メールが、ある人からきたとする。その瞬間、相手は席でパソコンに向かっている可能性が高い。即レスすれば、相手もそれに対してまた即レスとチャット状態になって、メール数がどんどん増える。

もう一つは、受信者が複数いる場合の即レスによる「議論の発生」だ。

「意見があったらください」というメールが結構ある。宛先は関係者全員。これに「全員に返信」で即レスしたりすると、あとが大変なことになる。

議論が巻き起こり、発展し、ときどき火つけ役である自分への「質問」が混じっ

7

メールは即レスしない

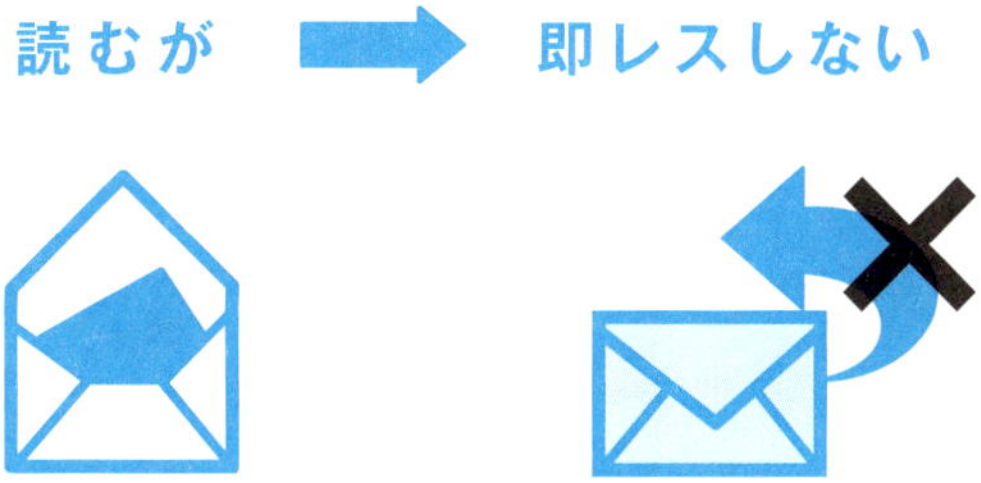

仕事を複利で生まない

ていたりする。そうするとそのあとの関連メール全てに、目を通さなくてはいけなくなる。**仕事が仕事を複利で生んでいく**ような状態だ。

これらを避けるためには、①即レスする必要のないモノには即レスしない、②「全員に返信」はなるべくしない、が大[※1]原則。

これだけでもムダな仕事（コミュニケーション）は大分減る。

※1 メールソフトの「受信」設定を自動でなく手動にするというのも有効。でもＧｍａｉｌなどのウェブメールには、こういう機能がないのでチャットになりやすいため要注意。

メールの極意（2）

苦情メールには即レスする

01年、デル ジャパンは**「eメールプロジェクト」**を立ち上げた。陥っていた、顧客からのメールと電話による「苦情対応地獄」から逃れるための決死のプロジェクトだった。

その数年前から、デルはコストダウンのために「電話対応からメール対応への移行」を進めていたが、それが大きく裏目に出ていた。

メールでの返信が遅かった（平均で48時間以上）ために、その確認のためのメールや電話が増える。電話とメールのシステムがつながっていなかったために、顧客に「メールで送った」と言われても電話オペレーターは「あとで確認します」としか言えず、顧客の怒りを増幅させる、といった状態だった。

対応クレームで顧客満足度は落ち、メールと電話の二重の対応コストで多くの費用が余計にかかっていた。

eメールプロジェクトでは**「24時間以内にメール返信」**を決め、そのための態勢を整え、実行した。

8

苦情メールには即レスする

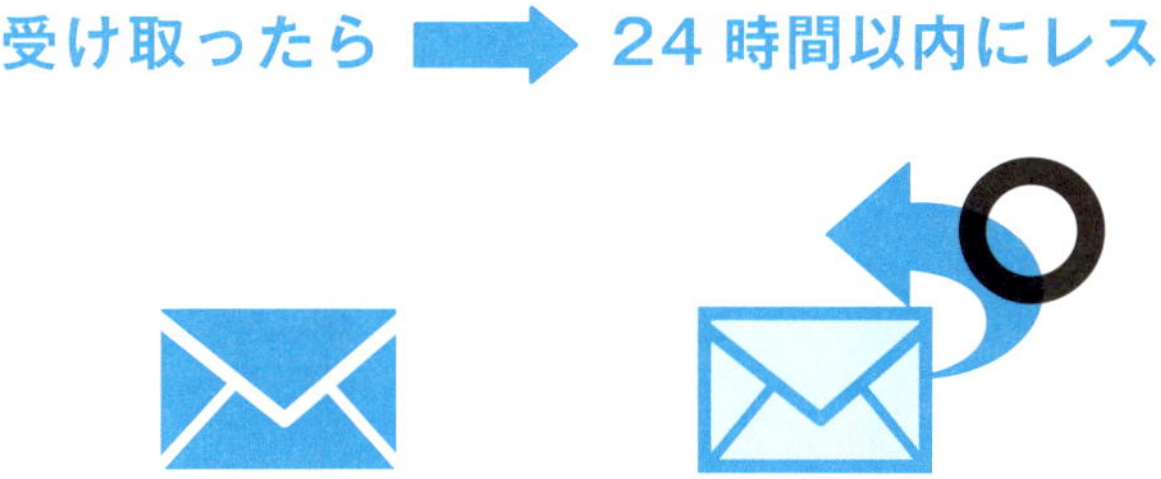

二重対応を減らす

結果、[※1]対応クレームは激減し、二重対応コストが2000万円分削減されたという。

苦情メール、不満を表明しているメールには即レスすべし。

ただし、ただの「承りました」メールでは意味がない。24時間以内でいいから、しっかりと。

それが仕事自体を減らすことにつながる。

※1 日経ビジネスによるアフターサービス満足度調査では、デルは01～04年の4年連続1位。ただしコールセンターの中国大連への移管で満足度を落とし、05年は7位（エプソンダイレクトが05年から09年まで1位）。

メールの極意（3）

受信箱は7日でケリをつける

部長以上なら許される技に「督促メールが3回くるまで放っておく」がある。

でも普通は、放置は許されないし、督促メールを読むだけで時間がかかる。

だからメールの受信箱は、早めに処理しよう。


まず、**受信箱とその中のフォルダー[※1]群を準備する。**

フォルダーは、仕事（やプライベート）で使っているものと大体同じ名前や構造にしておく。

受信箱は日付順で列べる。アウトルックであれば「今日」「昨日」……「先週」「2週間前」などと分類されるだろう。


そして、1日の最後に受信箱をざっと見ること。

できればその日の内に、難しくても次の日には返信して、受信箱から消すか、個別のフォルダーに振り分けよう。

すぐに返信できないものは、そのまま受信箱に残して振り分けない。振り分け

9

メールは7日以内に片づける

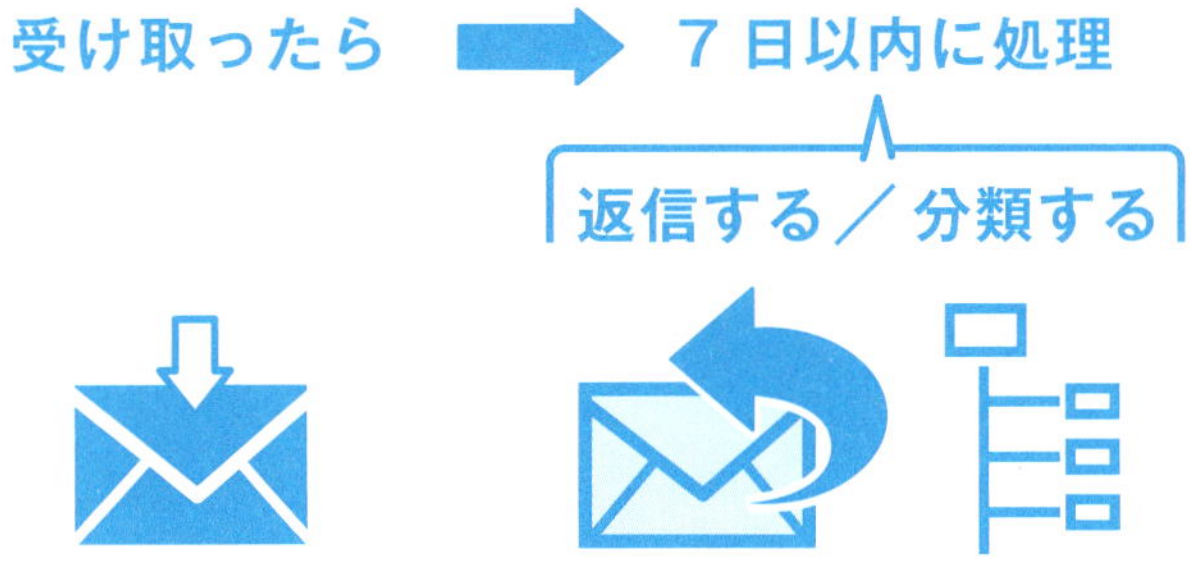
受け取ったら
7日以内に処理
返信する／分類する

メールがメールを増やさないようにする

てしまうとたいてい忘れ[※2]てしまう。

でもそれらが「2週間前」に行く前に、必ず処理すること。**1週間を期限にして、なんとか処理する**よう、頑張ってみよう。

ホワイトカラーが1日にメール処理（文章作成含む）に費やす時間は、平均3時間程度という。ある意味、最大の仕事なのだ。

メールがメールを増やさないよう、2日、1週間でケリをつけよう。

※1 ただ貯めて検索するという手もあるが、フォルダーを作り振り分けること自体が、自分の仕事の整理になる。
※2 産業能率大学の調査によれば「相手がメールを読まずにトラブルになった」も26％の人が経験。

短期収納場所を確保する

しばらく溜めて整理不要にする

メールの受信箱に1週間だけ、というのに似ているが、仕事の「短期貯蔵装置の拡充」[※1]は、全体の処理効率を上げるのに非常に役に立つ。

渋滞で言えば、慢性渋滞箇所の手前に、サービスエリアを設置して、そこに一時、余剰な車を収納する感じだろうか。

個人的にいろいろ試してみて効果があったのが、**書類棚、机、ディスプレイ**の3つの工夫だ。

書類棚はＡ４が入る薄い棚がいっぱいあるヤツ。

これを数段積み重ねれば、30種類くらいの資料があっというまに片づく。これを「今手をつけている仕事」毎に割り当てるだけだ。仕事の最中だけ維持し、終われば中身を捨てるだけ。

机はキレイに越したことはないが、短期貯蔵場所として見直そう。とりあえず雑多な資料を、大きな机の両脇に積んで邪魔になったら片づける作戦だ。[※2]

10

短期収納場所を設ける

最後が**ディスプレイ**。

今は、21インチのものを2台横に列べて使っている。そうすると、デスクトップの総面積は25百平方cm強で、17インチ1台の3倍弱に相当する。

解像度にもよるが、同時に4つほどのアプリケーションを置いておける。いちいち片づける作業がなくなる。

多くの資料の整理は「時間」が解決してくれる（つまり、そのうち要らなくなる）。だから、それまでの短期貯蔵場所を確保するだけで整理が要らなくなり、余計な仕事が減るわけだ。

※1 パソコンで言えば、DRAMやCPUの中のメモリーがその役目をしている。

※2 一番安価なのは通販のキッチンテーブルを使うこと。奥行き90cm×幅140cm程度の「机」が2万円で手に入る。

「Office」スキルを上げる

ショートカットの活用と編集性の向上を図る

ある大手機械メーカー本社で業務時間調査を行った。2000人を対象にした大規模なものだ。

数週間後、「会議時間が長い」「そのための資料作成時間が長い」等の問題点が浮かび上がった。

ただ、現場に入り込んでの調査のお陰で、コンサルタントたちはアンケート調査に現れない、**大きな問題点**をプロジェクト初日から発見していた。

それは**「オフィスソフトの使い方が上手ではない」ということ**だ。

もちろん基礎的なところはバッチリだ。タイピングも速いし、操作手順も分かっている。でも、同じ資料を作成するのに、われわれなら半分の時間でできる。

まずは「ショートカットキー」などの熟練の差。なるべくマウスを使わない、キーボードだけでやる、が基本だ。それだけでかかる時間は何割も違う。

そしてもう一つは「編集性」の差。

基本的に資料が一発でできあがることはなく、多くのヒトの手を渡る。

11

Officeスキルを上げる

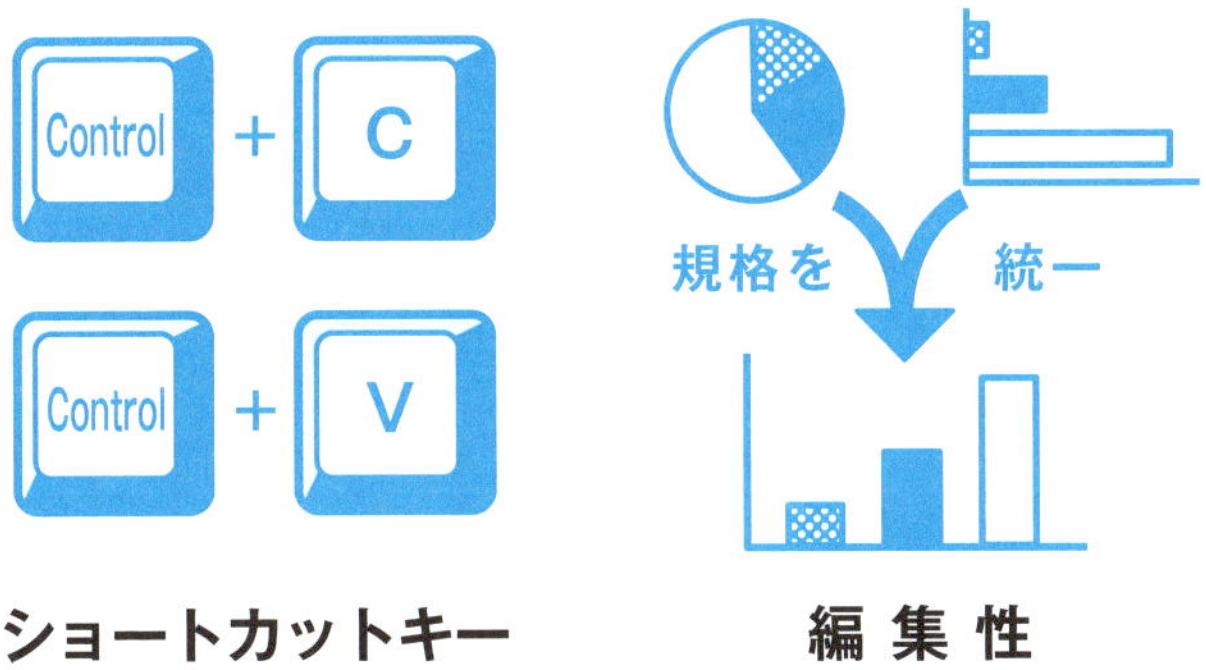

特に上位者からすれば、みんなが作ってきたスライドを統合するのが仕事のようなものだ。なのにみんなの作る資料は、あまりにバラバラ。自由[※1]奔放な作図の仕方、文章の打ち方によって、ほとんど落書き帳になってしまっている。

①ショ[※2]ートカットキー使用と**②編集性の高い資料作成**によって、実は資料作成作業は相当軽減できる。

しかし、そのスキルや生み出した時間を、みなに悟られないこと。資料作成係にさせられるだけだから。

さて、その時間をどう使う?

※1 箱入りの文を作るのに、箱と文を別々に作らない、マトリクスは線でなく箱4つで作る、等が編集性の高い作図。

※2 さらにＡＴＯＫ使用による、省入力等も効果が大きい。

生まれた時間を仕事に再投資する

みんなに聞く＆資料のブラッシュアップ作戦

「ちょっと面倒な部下」になることを決意して、オフィススキルも密かに上げて、仕事を減らし、少しの時間が生まれたとしよう。その時間をどう使おうか。

もし自分の仕事の質が十分であれば、それでいい。しかし「まだまだ」と思っているのであれば、その時間を仕事に再投資だ。

だって「ちょっと面倒」で「仕事の質が低い」部下なんて最低だ。**「ちょっと面倒」だけれど「仕事ができる」部下にならないと、この「減らす」作戦は成り立たない。**

だからまずは仕事に再投資。ただし、ぐっと絞り込んで。

「一番大事な仕事」を決めて、そこに全ての（貴重な）余剰時間を振り向けよう。

量を増やすためでなく、質を上げるために。

その仕事に丸3日かける予定だったのであれば、プラス1日かけてもっとイイモノにしよう。

もちろん、ただ1日増やしても中身が良くなるとは限らないが、確実に「質」

12

余剰時間で「みんなに聞く」作戦

につながるコトが2つある。まずは**「みんなに聞く」作戦**[※1]だ。

仕事のいろいろなステップで、みんなに聞きまくろう。上司・同僚かかわらず、相談相手になってくれそうな人を捕まえて、意見を言ってもらおう。

意外とみんな時間を取ってくれるし、（自分の仕事じゃないせいか）客観的で良いことを言ってくれる。なによりも人に説明する内に、自分自身が整理される。

「みんなに聞く」作戦。

捨てるべきは、自分のささやかなプライドだけ。

※1 格好良く言えば「集合知 collective knowledge and intelligence」の活用、ということ。聞く相手は組織外の人でも構わない。

仕事の質を上げるために、余剰時間の半分を「みんなに聞く」ことに使ったとしよう。

もう半分を投入すべき部分は「より分かりやすい資料作り」だ。

みんな資料や報告書をとりあえず作り上げることで力尽きて、その先がない。根回しや数字の精査はするかもしれないが、肝心の資料が分かりづらい。

でも半日あれば、分かりやすい資料に変えることはなんとかなる。

プレゼンテーション資料

・字を大きくする（18ポイント以上！）

・スライド間の繋がりを示す[※1]（接続詞を最初に入れる等）

報告書

・各章の要約を書く

・図や小見出しだけ追っても分かるようにする

12

余剰時間で「分かる資料作り」作戦

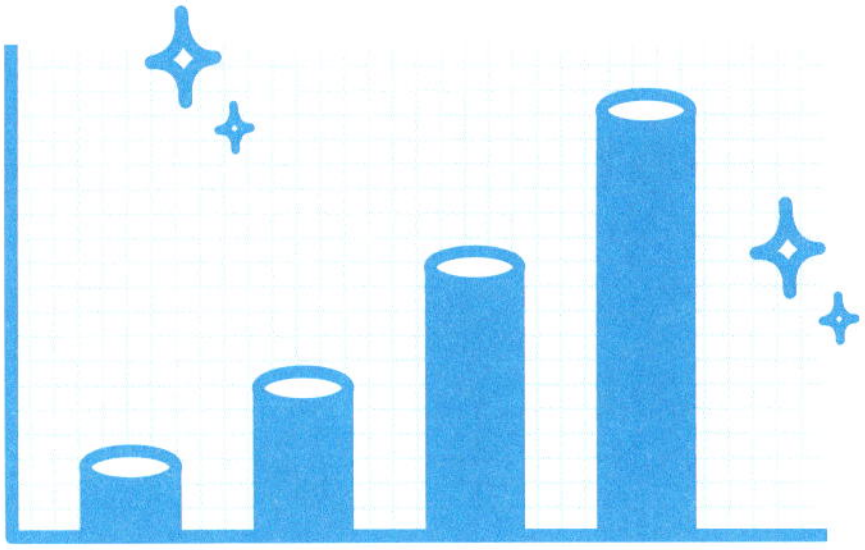

これも最後のチェックは他人に頼ろう。その資料を何日も作り続けた自分自身では、それが他人にとって分かりやすいかどうかなんて、もう判断はつかない。その仕事から、ちょっとだけ遠いヒトに、説明なしで読んでもらおう。それで分かってもらえれば合格だ。

生まれた時間を、一番大事な仕事に集中投下。「みんなに聞いて」「分かりやすい資料を作って」仕事の質を上げよう。それによってこの「減らす」も動き出す。

※1 スライド間でアイコンや色を揃えることも有効。競合の情報は常に赤色、とか。

CHAPTER 2

何が整理されたのか：減らす

チェックリスト

7. □ **メール の極意（1）**
即レス・全員への返信をしない

8. □ **メールの極意（2）**
苦情メールには即レスする

9. □ **メールの極意（3）**
受信箱は7日でケリをつける

10. □ **短期収納場所を確保する**
しばらく溜めて整理不要にする

11. □ **「Office」スキルを上げる**
ショートカットの活用と編集性の向上を図る

12. □ **生まれた時間を仕事に再投資する**
みんなに聞く＆資料のブラッシュアップ作戦

Chapter 2
CHECK LIST

1. ☐ **モノの総量を減らすとは?**
動く車を減らさないと、渋滞はなくならない

2. ☐ **面倒な部下になって仕事を減らす(1)**
とりあえず上司に仕事を打ち返す

3. ☐ **面倒な部下になって仕事を減らす(2)**
上司に仕事の目的を質問する

4. ☐ **しばらく待つ**
曖昧な状態のまま引き受けない

5. ☐ **キーワードだけをメモする**
思い返せないことは忘れよう

6. ☐ **携帯電話には出ない**
ムダな「至急的対応」をしない

MITANI'S COLUMN ②

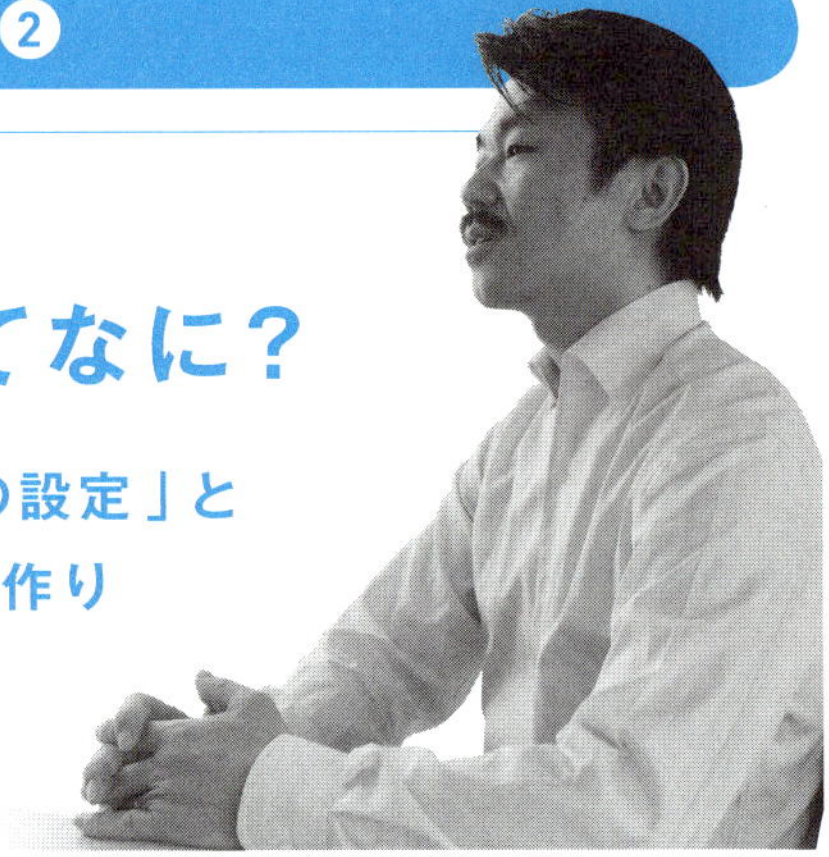

戦略的ってなに？

戦略とは「戦場の設定」と「勝てる仕組み」作り

「戦略的」という言葉がよく使われる。なんだかスゴいことのように聞こえるが、その本当に意味することはなんだろう。

①戦場の設定[※1]

大軍が奇襲を受けて敗れるときがある。しかしそれは相手に敗れたのではなく、奇襲を受けうるような場所に陣を張ったことで、既に「負けて」いたのだ。

敵に対して数で勝るのであれば、細い道で戦ってはいけない。スピードで勝るのであれば、沼地で戦ってはいけない。

自分が有利な場所、もしくは相手が不得手な場所で戦うことが勝利への「戦略」だ。あなたにとって得意な領域、もしくは職場でみなが苦手なことはなんだろう。

②勝てる仕組み作り

戦場を決めてもそこで勝てる準備をしなくてはならない。

戦場でどう動くかは「戦術」の話だが、**的確に動けるように徹底的に準備することは「戦略」**の話だ。

自分の職場で「英語での案件対応力」が必須だとしよう。

そこでただ漫然と英語を勉強しても、同僚にも顧客にも勝てない。

転職する（戦場の設定）か、職場で一番の英語の使い手になるための勝てる仕組み作りが必要だ。もちろん思い切った資源を投入して。

さて、新車をあきらめて語学学校に通いますか？　それとも、週末をつぶして英語での対応マニュアルを密かに作りますか？

※1　『孫子』13篇のうち虚実篇・軍争篇に、戦場を自ら設定することに関する記述がある。ＢＣ３４１、斉の孫臏は魏軍を馬陵という隘路に誘い込み、壊滅させた。

3

Chapter 3
「早めにやる」

急かされるとヒトの生産性はダウンする

難問に「ご褒美」や「〆切り」は禁物

NYUの院生だったグラックスバーグ氏は、同級生たちを集めて実験を行った。

「この『ロウソク問題』[※1]を解いて欲しい」（左図）

被験者たちを2グループに分け、こう説明した。

・グループ1「この問題をどれくらいの時間で解けるのか平均を知りたい」
・グループ2「早く解けた人には5ドル払うよ。一番だったら20ドルだ」

片方には無償で問題を解かせ、片方には報酬を出して急かしたわけだ。

さて、問題を解くまでの平均時間は、どうなっただろうか。

・グループ1（無償）平均7分
・グループ2（有償）平均10・5分

なんと金銭的報酬を約束された方が、3分半、5割も余計にかかったのだ！

1

ドゥンカーのロウソク問題

マッチと箱一杯の画びょうがあります。テーブルに蝋がたれないよう、火のついたロウソクを壁に取り付けてください。

※Glucksberg & Weisberg,1966より引用

この結果は、こう説明されている。

「答えが明らかでない問題の場合、正解に辿り着くには試行錯誤や発想の転換が必要になる。しかし、報酬や〆切りに急かされると、ヒトは一つの考えに固執し、離れようとしなくなる。結果的に、気軽に取り組んだ方が早く答えを見つけ出す」

この実験がなされたのは62年、40年近く前だ。

そしてまさに今、世の中は「答えが明らかでない問題」に満ちている。

〆切りに、急かされるべからず。

※1 心理学者の Karl Dunker が45年の論文で示した問題。「機能的固着」を説明するために作られた。機能的固着とは……自分で調べよう。ちなみに問題の解答は、私のウェブサイト http://www.mitani3.com/ まで。

早めにやるとはどういうことか？

ココロに沿った仕事＋生産性up＋保険get

仕事が渋滞せず流れるようにするための、最後の技が「早めにやる」だ。

分かっていてもなかなかできないんだ、と思うかもしれない。

いや、きっとちゃんと「分かって」ない。「早めにやる」ことが、いかに生産性を大きく高めるかを。

「早めにやる」とは文字通り、仕事を〆切りギリギリではなく、ずっと手前から前倒しでやり始めることだ。

仕事に早めに手をつけることで、

・気分に合わせて仕事ができる
・ムリそうなものをまず把握できる
・答えのカケラを納得いくまで探せる
・スケジュールに余裕を持てる

2

早めにやるとは？

1	気分に合わせて仕事をすること	→	生産性が上がる
2	ムリそうなものの把握	→	スタックが無くなる
3	答えのカケラを納得いくまで探すこと	→	後工程がラクになる
4	スケジュールに余裕を持つこと	→	保険になる

ことになる。

　これができれば、仕事の事故渋滞（全く動かない）や、長い長い自然渋滞に巻き込まれず、すいすいと気分良く進んでいくことができるだろう。

　〆切りに急かされるのではなく、自分から**早めに動いて仕事に対する主導権を握る**ことができれば、発想力も高まって生産性も10倍[※1]は上がる。

※1　統計的分析結果ではないので悪しからず。

気分に合わせて仕事をする

ココロに沿って仕事をする

ヒトには必ず「気分」[※1]や「調子」がある。
全体的にも、種類別に細かくも。
仕事にやる気が出る日、出ない日。
ある作業が進む日、進まない日。
仕事はダメだが本は読みたい日。

でも〆切りに追われていたら、そんな贅沢は言っていられない。
気分や調子がいくら悪くとも、ムリにアウトプットをひねり出すしかなくなる。
でも、しょせん大した成果物は得られず、時間だけが過ぎていく。

生産性とは 成果物÷投入時間 だというのに、これほどのムダがあるだろうか。
早めに手をつければ、このムダが無くなる。

3

気分が乗ったときだけやる

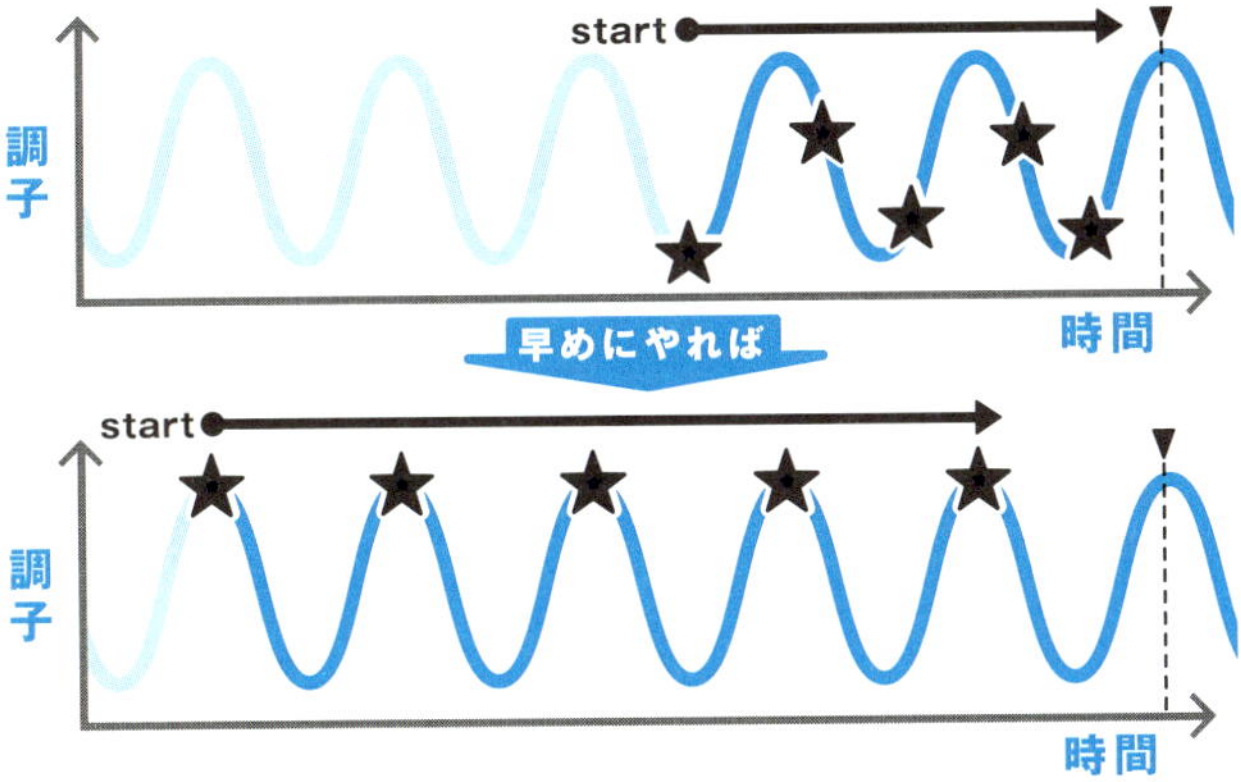

ある仕事に5日（40時間）かけるにしても、1ヶ月前から始めれば、そのテーマに対して調子の良い日だけを、5日割り当てることができる。

これで生産性が上がらないわけがない。

これができるかできないかは、**スキルの問題ではない。**

ただ、「早めにやる」ことへの理解と姿勢の問題だ。

※1 もちろんプロたるもの「調子が出ない」ではすまされない。いつでも一定以上のやる気や調子を保つべし。でもそんなことができていたら、この本は読んでいないか（笑）

では早めに手をつけたとして、自分の今日の状態を把握して、それに合わせて、やる仕事を決めるにはどうすればいいか。

そのためにはまず、**仕事（ジョブ）**[※1]**を作業（タスク）に分け、さらにそれらを「クリエイティブワーク」と「力仕事」と「軽作業」に分ける。**ただしここでの軽重は体力や所要時間のそれでなく、精神力的に重いかどうかだ。

書類作成一つとっても、それは段階を追って変わっていく。

例えば、

・序盤↓アイデアに発想や着想が必要**【クリエイティブワーク】**
・前半↓（時間はかかるが）情報収集や整理が中心**【軽作業】**
・後半↓分析やストーリー決め**【クリエイティブワーク】**
・終盤↓資料の書き下しと整理**【力仕事】**

3

仕事の分け方

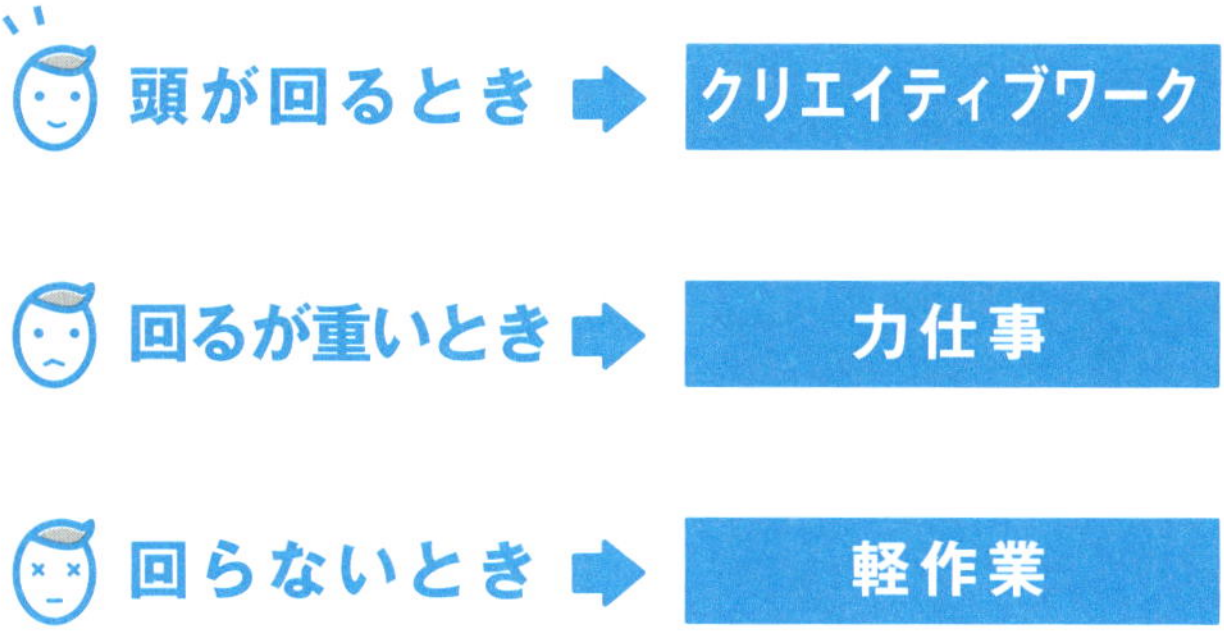

といった具合。

頭が軽く回るときはクリエイティブワークのタスクを集中的に行い、頭は回るが重いときには力仕事タスクを中心にする。どちらもダメなら軽作業タスクを黙々と、やる。

早めに手をつけ、その日の気分に合わせてやるべきタスクを決めていこう。あくまでムリはしないこと。

ただしクリエイティブワークができる状態のときに、他のことに気を散らさないこと。貴重な時間を決してムダにしないこと。

※1 コンピュータ用語で、ジョブはユーザーから見た仕事の塊で、タスクはそれを分割してコンピュータが処理する作業に落とした小さな塊。

ムリそうなものをまず把握する

基礎情報のあるなしに気をつける

仕事を「早めにやる」価値として大きいのが、「ムリなモノを早めに見分けられる」ということだ。

根本的に自分の手に余るモノは、いくらやっても成果が出ない。生産性は、**ゼロ**。もしくは、工数の見積り間違いも、最後に分かるとかなりイタい。

本当は仕事を引き受ける前に、判断できればよい（もしくは上司が判断すべき）のだが、ちゃんと手をつけないと分からないときも多い。

それが〆切り間際に分かったら最悪だ。本当に。

某日某所[※1]、あるプロジェクト。明日は社長報告会。昼頃、若手が来て曰く、

「あの分析、ちょっと時間かかりそうなんですけど……」

え！　1時間もあればって言ってたアレ？　頼んだの先週だよね。

「思ってた資料が違ってて……。でもお客さんに聞き回ればできるんで、明日朝までには作ります」

明日朝は良いけど、それまでフクダクン、キミの他の作業はどうなるの？　み

4

ムリそうなものを見極める

※1 これは実話である。

必要
このデータが無いと
この仕事はムリ
手元にないから
期限内には
終わらないゾ

早めにやれば早めに分かる

んな手一杯だよ。おいおい、せめて昨日言ってくれ。

渋滞箇所を無事通過できるなと思っていたら、前の軽自動車が突然、トラック10台に変身した瞬間だ。当然、道路は一瞬で大渋滞。プロジェクト全体の作業効率が、その小事のために崩壊する。

まずは**仕事の難易度や所要時間を冷静に見極める**こと。特にダイジなのは基礎情報のあるなし。なければ難易度や所要時間はいきなり変わる。

早めにちょっと作業をしてみて、まずはそこを確認すれば、無用な渋滞は避けられる。

「答えのカケラ」を納得いくまで探す

面白いメッセージを一つで良いから考えつくこと

渋滞の素になるのは「答えが明らかではない問題」が多い。全くダメ（解けない）なものを「分けた」としても、特にとっかかりが難しい。

先日、報告会前に粗相をして反省したフクダクン、仕事に早めに手をつけようと頑張っている。

テーマは高級紳士服市場のブランド分析だ。でも早くも諦め気味。

「ちゃんと答えが見えなくて……」

ん？　何を見ようとしているの。まさか、今の段階で答えを全部作っちゃおうとか、思ってないよね。

「でも、仮説思考[※1]ってそういうことじゃないんですか？　まずは仮で良いから答えを作れって言われたんで、いろいろ考えてるんですけど、ブランドって言ってもテーマが多すぎて。広告もデザインも店も接客も……」

それでムリに全部のことについて、つまんない仮説を作ろうとしているわけね。

「違う！」

5

答えの「カケラ」を見つける

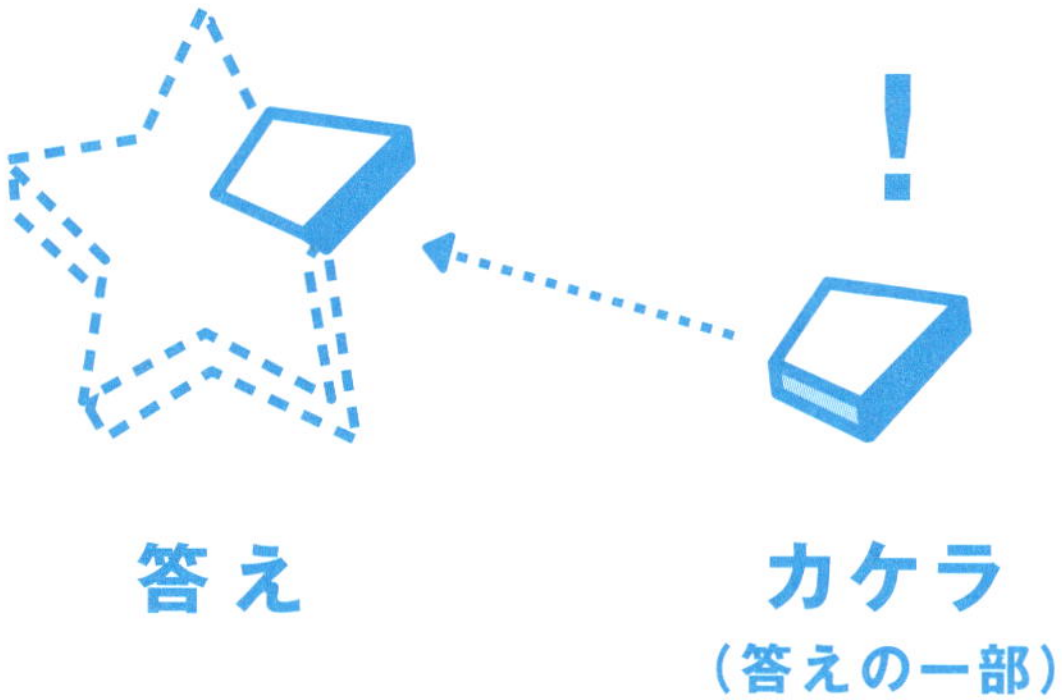

つまらない仮説立てても、それを証明するだけになっちゃって、なんの価値もないよ。

まずは一つで良い。面白いメッセージを仮に作ってみよう。

「答え全体」でなく「答えのカケラ」だ。

早めにやってそれが分かれば、確かめる（仮説の検証）ために、どんな作業をすればいいかは、すぐわかる。

それが見えるまでは、諦めちゃダメだよ。

※1 闇雲に作業を進めるのではなく、最終的な答えを仮に作ってから、それを証明するために作業を組み立てる、という思考法。ビジネスパーソン必須の技とも言える。内田和成さんの『仮説思考』が詳しい。

スケジュールに余裕を持つ

保険をかけるということ

高校の頃、割とサボり癖があって、**年間10日くらいはズル休み**[※1]をしていた。田舎の公立高校としては、かなりの高率だ。

さらに年に1～2度はやる気が出ずに、まったく勉強（予習など）しないことがあった。短くて3日、長ければ10日間。

でも、あんまり先生たちにはバレ[※2]なかったように思う。それは、予習を常に「貯めて」いたからだ。

常に1週間分は余裕を持たせるというのは、別に大したことではない。最初に多めにやって、あとはみんなと同じペースでやればいい。

それだけで予習在庫は常に余裕が出る。

万一（?）勉強する気が失せても、焦せる必要は無い。やる気が出るまで好きな本を読み続けるだけだ。

仕事でも、1週間の計画を作ったら、それを1日早くスタートさせる。

6

最初にガンバって保険を作る

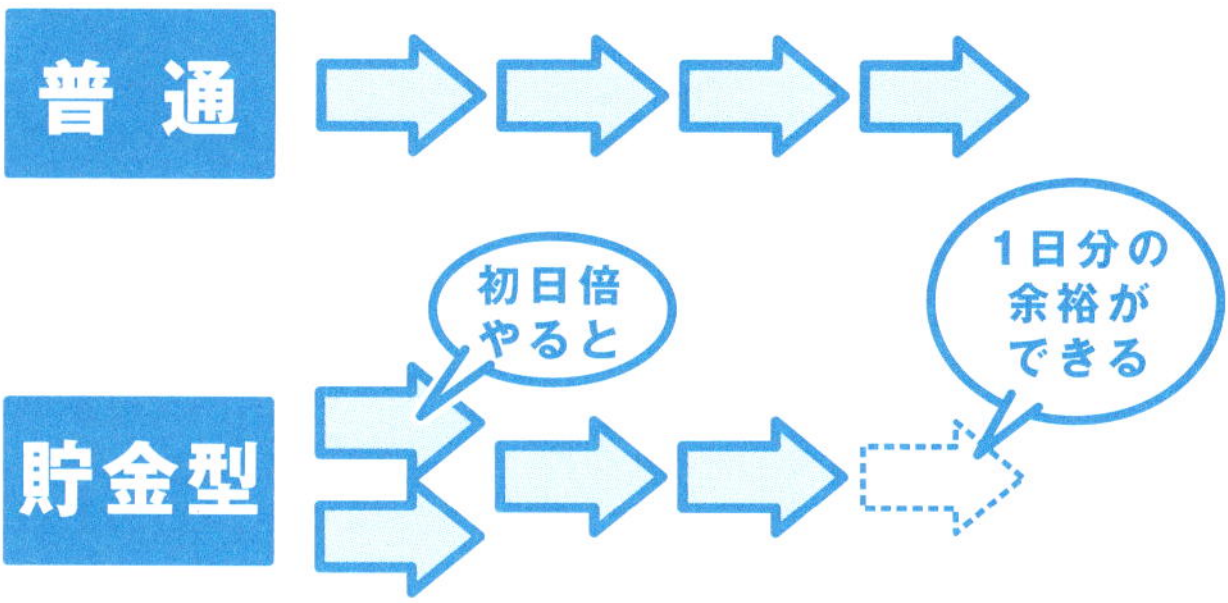
普通
貯金型
初日倍やると
1日分の余裕ができる

四半期（12週間）のスケジュールを引いたら、なんとか最初に1週間前倒しする。

いや、前倒しがムリなら、毎週半日の予備時間を組み込むでも良い。

連載原稿を引き受けたら、最初に2回分書いて、あとは催促に応じて次の回を書いていく。それで常に1回分余る。

仕事にちょっとした貯金を作る。そのために、最初だけ倍、頑張る。

たったそれだけで、仕事の渋滞は大いに減らせる。

※1 月曜朝に雨が降っていると大抵「お休み」。プラス、年1回のマラソン大会も3回連続「病欠」……。

※2 おそらく正確には「バレてはいたがお咎めなし」であった。

シゴトを並行して走らせる

究極の高速処理マシン「スーパーコンピュータ」に学ぶ

遙か昔、就活の頃、技術系ベンチャーの社長さんに言われた。

「ミタニクン、スーパーコンピュータは勉強しておいた方が良いよ」。

クレイ社が「世界一高価なイス」と言われたCray1《クレイワン》を出したのが76年、小6の頃。空冷でなくフロン冷却を採用したCray2が大学3年の頃だ。

物理学を学ぶ者としては、その計算能力と、それらが作り出した「計算物理学」の世界はなんだか衝撃だった。

物理方程式がキレイに解けなくても、計算でムリヤリ解いてしまえ！

Cray1から30余年、スーパーコンピュータは、膨大な計算（仕事）をどうやって超高速でこなすかの、偉大な実験場であり続けた。

国家の軍事力の一つとして、科学研究のツールとして、気象予報の要として。

そして今、地球環境問題の理解と解決の手段として、スーパーコンピュータの開発には年間何千億円もの資金と人材が投入されている。

7

今、世界最速のものは、1秒間に2千兆（ペタ）回の計算ができる。[※1][※2]
これは一般の高性能パソコンの14万倍だ。
そこには、複雑で超大量な仕事を、どう高速処理するかの人類の叡智が集約されている。計算量を劇的に減らすエレガントな計算方法、一気に大量の計算を処理するためのパイプライン処理、ベクトル演算素子等々……。

——なぜこんな話をしたのかと言うと、**仕事を「早めにやる」ということは、実は多くの仕事を同時並列的にやるということでもあるからだ。**

仕事を縦に列べて順々にやろうとすると、すぐに行き詰まって止まってしまう。
だから仕事は早めにまず細切れにし、うまく横に並べて「少しずつ」「できるところから」並列的に片づけていくことで、全体の生産性は格段に向上する。
そこでここではスーパーコンピュータから、その並列的高速処理の方法を学んでいこう。**「超並列化」**と**「超分散処理」**だ。

※1　09年末現在は、クレイ社の「Ｊａｇｕａｒ」が最速。日本最速の「地球シミュレータ」は31位。
※2　正式にはＦＬＯＰＳ（フロップス、1秒間の移動小数点演算回数）という単位がある。

スーパーコンピュータから学べる、仕事の高速処理のチエとして、**まずは「超並列化」**だ。

現代のスーパーコンピュータにはCPUが、数千から数万チップ積んである。

そのチップたちがうまく連携できると、とっても速くなるのだ。

仮に1000個の数字を足し算するとして、電卓を持った人が一人で黙々とやれば、999回足すことになる。

でも、500人が横に並んで2つずつ足せば、10[※1]回しかかからない。

約100倍のスピードだ。

仕事（計算対象）を、縦に列べず、横に並べるイメージだ。

そしてもう一つのアプローチが**「超分散処理」**。

「超並列化」と似た技術だが、仕事を小間切れにして、もっともっと多くの多種多様なコンピュータに処理をばらまくものだ。

7

「超分散化」と「超並列化」

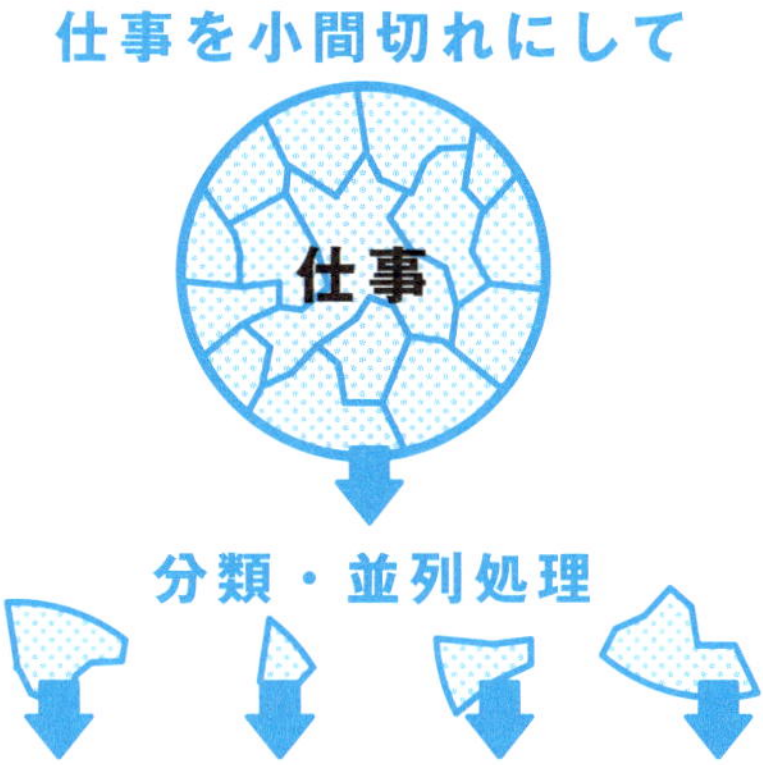

例えば、宇宙からの電波をみんなで解析しよう、という「SETI《セティ》@home」※2プログラムでは、世界中のパソコンの空き時間を提供してもらうことで（つまりタダで）、毎秒700兆回というとてつもない計算容量を実現している。

グーグルが進めたクラウドコンピューティングもこれと軌を一にする。

ただしそのための前提条件がある。

それは**仕事をうまく小間切れにすること**だ。

※1　500人が1回足せば数字が500個できる。次はそれを250人が2つずつ足して250個に。これを続ける。
※2　SETI（セティ）は地球外知的生命探査プロジェクトの総称。

仕事を小間切れにするコツ

仕事はどこで切るべきか？

「仕事をうまく細切れにする」技術は効率化のために必須だ。
これがないと、仕事を縦に列べて片っ端から片づけていくしかなくなる。
でも、多くのヒトは、仕事を塊のままいっぺんにやりたがる。

フクダクン、嘆いて曰く。

「**途中で仕事を切るって不安**なんですよねえ。次やるとき、なに考えていたか忘れちゃってそうで。どこで切って良いかよく分かんなくて、ついずるずる夜中までやっちゃうんです……でも気がつくと朝で。[※1] もちろん仕事は終わってないんですけど……」

大丈夫。

忘れる程度のことなら、たいしたことではない。
もしくは単語をメモしておくだけで、ダイジなコトならきっと思い出せる（ハ

8

仕事を小間切れにするコツ

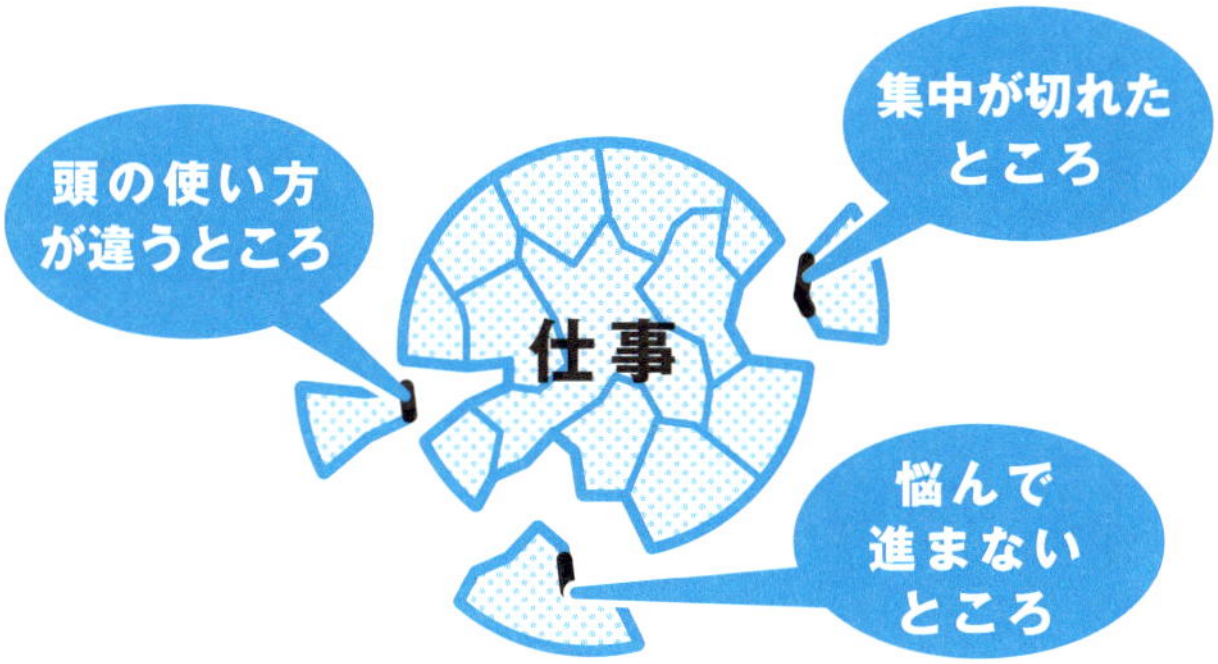

仕事を上手に分割する

ズ)。

それに、どこで切るかは簡単だ。**自分の集中が切れたところ、悩んで進まなくなったところ、頭の使い方が違うところ**、だ。そこであっさり切ってしまえばいい。

ただ、次にリスタートするときしやすいように、仕事はメモも含めて「フォルダー」にまとめよう。パソコンでも、紙でも良い。

さて、これで「仕事の小間切れ化と並列化」はできただろうか。

※1 「靴屋の小人」は存在しない。少なくとも、若手コンサルタントたちの経験上は。

モチベーションを早めに上げる

デスクトップに付箋紙を貼る

「早めにやる」の最大の壁は、いかに早期にやる気を上げるかだ。

「早めに手をつけて、ダメなの切って並列処理」ができたとしても、〆切りが迫らないとできない……では、永遠に前に進まない。

では一体どうやって、やる気を〆切りの遙か手前から、盛り上げるのか。

引き受けた仕事は必ずしも、楽しいワクワクするモノばかりではないだろう。イヤイヤやっているモノもきっと多い。

でも、そこから目を逸らすから、〆切りプレッシャーに頼ることになる。

逆に、その厳しいかもしれないゴールシーン[※1]を、常に思い浮かべるようにしよう。

上司への報告なら、会議室や話す雰囲気を、顧客への提案プレゼンならそのシーンを。待つのは喝采か沈黙か……。

これはある種の、イメージトレーニングだ。

それを繰り返し行って、危機感や期待感（＝やる気）を紡ぎ出すために、有効

9

イベントリストでやる気を上げる

8/1　報告会
9/12　昇格試験
10/5　客先プレゼンテーション

なのが**張り紙**。

今どきであれば、一番目にとまりやすいのはパソコンのデスクトップだろう。ここに電子的な付箋紙を貼っておく。

いつどんなイベント（報告会、講演、テスト等）があるのか。それを明示しよう。**ダイジなのは一覧性**。それ一枚で全てのイベントが分かること。

1～2ヶ月先をにらみながら、ジワジワやる気を上げていこう。

※1 明確なゴールイメージが持てればなお良いが、そこまでなくてもOK。テープを切る瞬間の感覚だけがあれば良い。

どの仕事にもすぐ取りかかれるようにする

ショートカットアイコンを活用しよう

せっかく出た早めにやるという「やる気」を削がず、即座に仕事をスタートさせるためには、いくつかの工夫がある。

そもそも、ある仕事に関連する資料や情報は必ず「フォルダー」や「タグ」[※1]でまとめておくこと。やる気になっても資料探しから、では話にならない。

これを紙でなくパソコンでやっていると、ちょっと良いことがある。

それが**「ショートカットアイコンの活用」**だ。

今同時に手をつけている仕事の数は、せいぜい5〜20といったところだろう。それぞれでの作成中の資料に対して、必ずショートカットアイコン（やエイリアス）を作ってデスクトップに置こう。

これこそ「一気に作り上げる」のではなく「早めに手をつけてじわじわやる」の象徴でもある。

10

ショートカットアイコンを活用する

作成中の資料のアイコンを列べる
列べすぎず10個に留めよう
PPT
JPG
DOC
PDF
DOC
JPG
XLS
PPT
PPT
XLS

そのアイコンたちは、あなたにやる気を出させるための、イベントリスト替わりにもなるだろう。

ただし、何十もびっしり列べないこと。終わったらすぐ片づけて、せいぜい10~20個に留めること。

※1 参考にしたインターネットサイトは、必ずタグ毎まとめてブックマークしておく。二度と辿り着けないかもしれないから……。

見えなかったら「探して」みる

ネットや図書館に没入する

さて、ここからは「早めにやる」、中でも最大の鬼門である**「答えのカケラや道筋を納得いくまで探す」を確実なものにするコツ**を紹介しよう。

早めに頑張って、考えて、それでも答えのカケラや道筋が分からなかったら、早めにやった意味がない。

そんなときは**座って悩んでいても仕方がない。情報や切り口を探してみよう。**

図書館や本屋でもいいが、**インターネットに没入**してみるのも一つの方法だ。

・キーワード検索して、だーっと20ページ分くらい斜め読みする
・ウィキペディアはじっくりちゃんと読む
・アマゾンの関連書籍を調べる

あくまで目的は考えの幅を広げたり、新しい切り口を見つけたりすること。答えを見つけることではない。だから、

11

「探す」

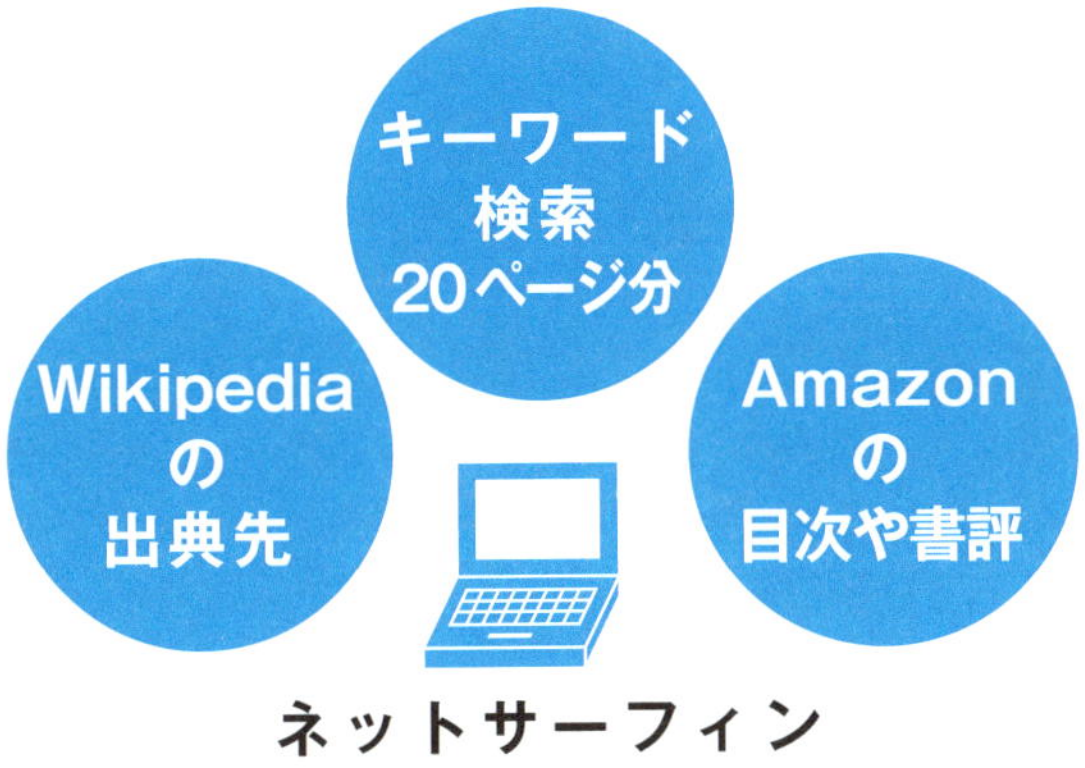
キーワード
検索
20ページ分
Wikipedia
の
出典先
Amazon
の
目次や書評
ネットサーフィン

・「答え」が出ていても「この答えじゃ、普通なんだな」と捉える

・面白いサイトに当たるまで頑張る（最大５００くらい）

・ウィキペディアや関連の内容や出典先もどんどん辿っていく。※1 英語でもビビらず読む

・良さそうな本があったらその目次や書評を読んでみる

インターネットは玉石混淆《ぎょくせきこんこう》の知識の海。まずは気楽に漂うこと。風任せ、興味任せで構わない。ロウソク問題の教訓を忘れずに。

※1 とりあえず自動翻訳して、日本語として斜め読みしてからでも良い。おそらく3割くらいしか内容は分からないだろうけれど、まずはＹａｈｏｏ！翻訳がオススメか。

ここでまたまた**フクダクンの登場**だ。

仕事のテーマは高級紳士服市場のブランド分析だった。

「日本で強い高級ブランドって、広告じゃなくて雑誌記事とかのパブリシティが成功したからじゃないか、って思ってるんですけど……」

このブランドが、こんな雑誌で、こういったカタチで、取り上げられたから成功した、って言わないと、メッセージとして面白くないもんねえ。

「そうなんですよ。そこまで言えたら答えのカケラですよね。だけど、例えばアルマーニが日本で売れ始めたのが20年前で、その時どんな雑誌記事でとりあげられたかなんて、そんな細かい情報どこにもまとまってなくて」

そりゃそうだ。**そんなニッチな情報**、買ってくれるの日本中で10人くらいだから、**誰も手間掛けて調べない**だろうね。

だったら、それで勝負しなよ。それできっとどうにかなるよ。大宅壮一《おおやそういち》[※1]文庫って知ってるかい？　20年前の雑誌を全部調べてみなよ。

11

答えへの「道筋」を見つける

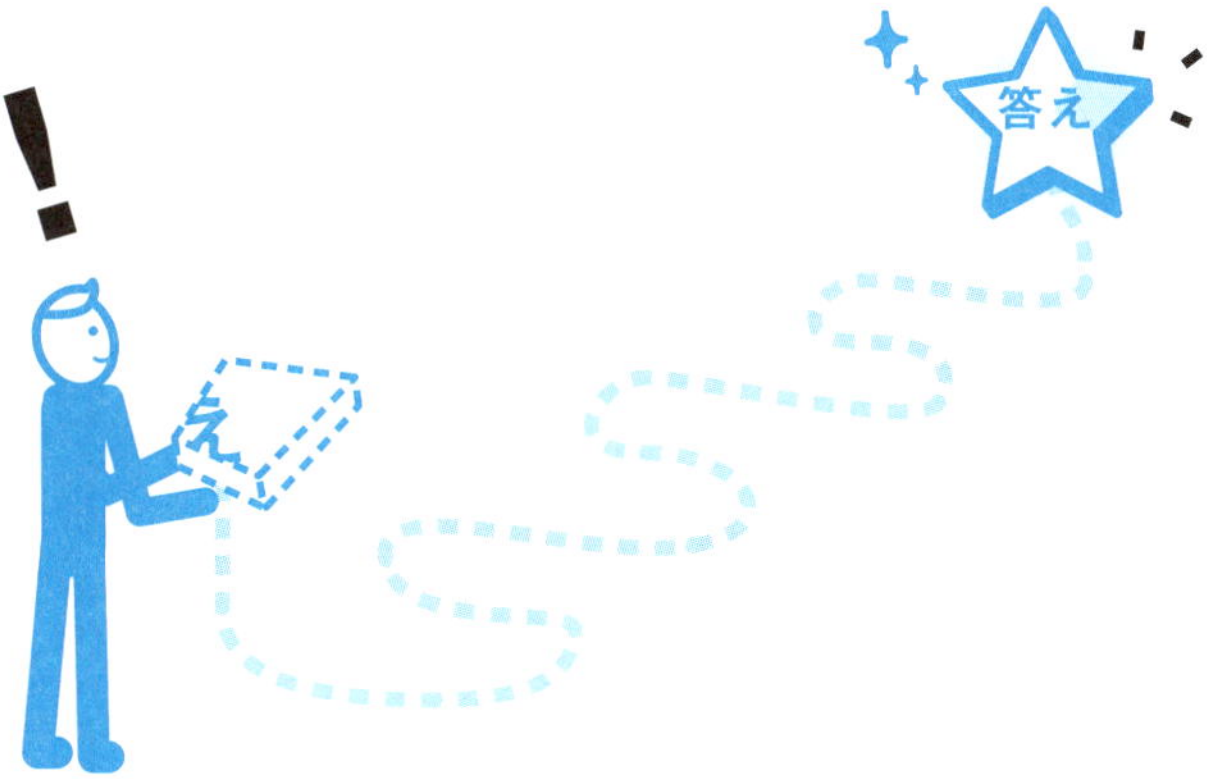

誰もちゃんと調べていないことなら、それだけでも価値がある。それは、**答え自体**ではなく、また**答えの仮説**でもなく、**答えに至る「道筋」**だ。

「答えのカケラ」が見えなくても焦らないこと。

「答えへの道筋」を探そう。自分たちにとってはダイジだけれど、世の中ではちゃんと調べられていないこと。

あとはそれをどう辿っていくかだけだ。

※1 評論家の大宅壮一氏が遺した20万冊の蔵書を収める。雑誌が多く、女性誌だけで54誌を超える。

見えなかったら「作って」みる

カタチにすることで「答え」を見抜く

「答え」というのは面白いもので、一から作るのは難しいが、できたものを見ればすぐそれと分かる（もしくはダメと分かる）。**自分では名画を描けなくとも、名画を見れば感動するのと同じ**だ。ヒトはそういう目を持っている。

だからブレインストーミングが有効なのだ。ゴミが混じろうと構わない。質にこだわらず、どんどんアイデアを出す。足したり引いたり派生や組み合わせ……。ダイジなのは、数。10や20でなく、**100や200のアイデアを作ろう。**そのための知的ツール[※1]は色々ある。それらを駆使して、どんどん出す。そのあとは、絞ることだ。グルーピングなどせず、一番面白いものを一つ選ぶ。そうすれば丸まることのない、尖ったアイデアが手に入る。

選ぶとき有効なのは、文字をカタチにすること。単語や文章だけでなく、模型

12

「作る」

アイデアをカタチにする

や写真や図にしてみよう。

フクダクンの得意技は、イラストを描くこと。100のアイデアをどんどん絵にしていく。それで誰にもすぐ分かる。

これはゴミ、これもゴミ、それは……面白いかも！

ただし、カタチにすることに手間をかけては本末転倒。

パソコンも製図板も要らない。必要なのは、紙と鉛筆だけ！

※1 加藤昌治さんの『考具』『アイデアパーソン入門』など。色縛りや、3×3のマンダラ図が面白い。

見えなかったら「話して」みる

人にぶつけて反応を見る

お絵かきに逃げず、あえて言葉のまま人に話すことにも価値がある。

音声言語は基本的に1次元。同時にいくつも並列処理できないし、2次元や3次元的なイメージを伝えるのも苦手だ。

だからこそ、**人に自分の考えを話して伝えようとすると、まずは自分自身が整理される。**

頭の中のゴチャゴチャの、よけいな枝葉を切り落として、幹だけにしないと、そもそも文章にできないし、人にも伝わらない。

・個々の文章が短いこと
・文章構造が単純なこと
・言いたいコトが一つに絞られていること

※1これらが上手くできているかどうか、を判定するのは簡単だ。相手の反応を見ればいい。

13

「話す」

文章が短いか
文章構造が簡単か
言いたいコトが絞られているか

人に話してチェック

途中で気が逸れてしまっているようだったら、きっと文章が長すぎるか複雑すぎる。首が傾くようだったら言いたいコトが多すぎる。

もし、英語に多少自信があるなら、英語で書く（話す）のも良い方法。

基本的にボキャブラリーが少ないので、単純な表現しかできない。ゆえに強制的に己をシンプルにすることができる。

詰まったら、どんどん人と話すこと。決して座って悩んでいてはいけない。

※1 ＫＩＳＳの原則という言葉がある。Keep It Simple, Stupid.（バカだなぁ、単純に行こうよ）の略とも、Keep It Short and Simple.（とにかく短く簡単に）の略とも言う。

見えなかったら「寝る」

海馬に賭ける

どうしても「答えのカケラ」や「答えへの道筋」が見えなかったら、思い切って寝よう。眠気と戦いながらでは、生産性は絶対上がらない。

睡眠は脳にとって必須なのだ。睡眠中、脳は「短期記憶の整理」と「レミネセンス（追憶）による再構成」を行っている。それを司っているのが**「海馬」**だ。

海馬の役割は短期記憶だ。数分間から数日間にわたる記憶を司っている。

そして大脳が眠る間、海馬は日中とりあえずため込んだ膨大な記憶の断片を、一生懸命「整理整頓」し始める。

個々を繋ぎ合わせて前後左右をつけ、うまく繋がらないゴミは捨てていく。その作業工程を横から見ているのが「夢」なのだ。

睡眠時間が足りないと、海馬は情報整理がやりきれず、脳の機能は大幅に低下する。[※1]海馬がオーバーフローして、短期記憶もままならなくなる。

もう一つのレミネセンスは、これと同じ作業の中で生まれる「自動的に整理・

14

「寝る」

短期記憶
が整理
される
レミネセンス
により
再構成される

再構成された記憶」のことだ。

前日いくら練習しても弾けなかった箇所が、翌朝やったら、さらっと弾けたとか、考えても解けなかった問題に道筋が見えたとか。

こういったことを**睡眠中、海馬は勝手にやってくれている。**

煮詰まったとき、運を自らの海馬に任せて、寝てしまうことも悪い賭けではない。

[※2]夢の中で生まれた大発明・大発見は、多い。

※1 そのとき見るのが「白昼夢」。

※2 ミシンの針の形（クレムス）、半導体の精製方法（ウィリアム・G・プファン）、ベンゼン環の構造（フリードリヒ・ケクレ）などが有名。

しばらく放っておいて「自己突っ込み」

過去の自分を捨てる

頑張りの成果で、なにかできたとしよう。貴重な「答えのカケラ」や「答えへの道筋」たちだ。

その勢いで、一気呵成《いっきかせい》に仕事を進め……ては、いけない。

その**「答え」たちを、しばらく放っておいて別の仕事をしよう。**余裕次第で1日でも1週間でも良い。距離を置こう。

創造への道は、自己否定[※1]の繰り返しだ。

1回で本当の答えに辿り着けることは、ほとんど無い。何回もの試行錯誤、つまりは自分の過去の成果物を捨てる勇気が必要になる。

でも、ヒトは基本的に自分がカワイイし、作ったモノに愛着がある。一度作った「答え」をなかなか捨てられない。

だから距離を置く。

フクダクンの得意技は、一人二役[※2]の一人漫才。当然ボケとツッコミがいる。

15

「自己突っ込み」

即座に突っ込む漫才型
しばらく間を置く時間差型

「これって面白いんか？　世間の常識と大差ないやん」

「そうかなぁ。このヒネリが新しいと思うがなぁ」

「そんなら、なにとどう比べて新しいんか、言ってみぃ」


夜中に一人、つぶやきながら、彼は再び自己否定の中にいる……。

早めに寝た方がいいかもよ。

※1 自己否定に加えて、十分な自己肯定も必要。でないと、めげて最後まで続かない。

※2 私の中にも何人か昔の上司や同僚が住んでいる。ときどき出てきて「それって面白い？」と突っ込んでくる。

すぐに白黒つけたいなら「他者突っ込み」

他人に突っ込んでもらう

08年秋、4人の日本人がノーベル賞を受賞した。

そのうちの二人、小林誠博士、益川敏英博士は72年に「小林・益川理論」で未知のクォーク[※1]の存在を予言し、それは01年、最終的に確認された。

この理論は、2人の**「対立的突っ込み」**から生まれたモノだった。

当時、大学の組合活動に忙しかった益川氏は、午前と夜だけの研究活動。彼が毎夜、新しい理論モデルを作り、朝、小林氏に示す。それを小林氏が計算と実験で、つぶして論破し否定する。1ヶ月の間、それが続いた。

ついにある日、益川氏は風呂上がりに、ヒラメく。

「4つじゃない、6つなんだ。クォークが6つならうまくいく!」

彼は早速、それを「6元モデル」としてまとめ、小林氏と二人で理論へと昇華させた。大学(と組合活動)が夏休み中の、たった2ヶ月間の早業だった。

益川氏は言う。

16

「他者突っ込み」

即座に議論し白黒つける
役割に分かれて突っ込み合う
検証・否定役
提起役

「自分だけでは6元モデルに辿り着けなかった。小林さんに痛烈に否定され続けたから4元モデルを捨てられた。クォークは4つだという呪縛から逃れられたのは小林さんのおかげだ」

自分のアイデアに、すぐ白黒つけたかったら他者に突っ込んでもらうこと。

ただし相手は、互いに信ずる（だけど性格は全く違う）仲間を選ぶこと。

※1 物質の最小構成単位の一つ。当時は3つのクォークが見つかっていて、世界中が4つめを探索していた。その中で、彼らはクォークは6つあるはずという「6元モデル」を提唱した。

CHAPTER 3
何が整理されたのか：早めにやる
チェックリスト

9. □ **モチベーションを早めに上げる**
デスクトップに付箋紙を貼る

10. □ **どの仕事にもすぐ取りかかれるようにする**
ショートカットアイコンを活用しよう

答えのカケラ・道筋発見のコツ 1
11. □ **見えなかったら「探して」みる**
ネットや図書館に没入する

答えのカケラ・道筋発見のコツ 2
12. □ **見えなかったら「作って」みる**
カタチにすることで「答え」を見抜く

答えのカケラ・道筋発見のコツ 3
13. □ **見えなかったら「話して」みる**
人にぶつけて反応を見る

答えのカケラ・道筋発見のコツ 4
14. □ **見えなかったら「寝る」**
海馬に賭ける

答えのカケラ・道筋発見のコツ 5
15. □ **しばらく放っておいて「自己突っ込み」**
過去の自分を捨てる

答えのカケラ・道筋発見のコツ 6
16. □ **すぐに白黒つけたいなら「他者突っ込み」**
他人に突っ込んでもらう

Chapter 3
CHECK LIST

1. □ **急かされるとヒトの生産性はダウンする**
難問に「ご褒美」や「〆切り」は禁物

2. □ **早めにやるとはどういうことか？**
ココロに沿った仕事＋生産性up＋保険get

3. □ **気分に合わせて仕事をする**
ココロに沿って仕事をする

4. □ **ムリそうなものをまず把握する**
基礎情報のあるなしに気をつける

5. □ **「答えのカケラ」を納得いくまで探す**
面白いメッセージを一つで良いから考えつく

6. □ **スケジュールに余裕を持つ**
保険をかけるということ

7. □ **シゴトを並行して走らせる**
究極の高速処理マシン「スーパーコンピュータ」に学ぶ

8. □ **仕事を小間切れにするコツ**
仕事はどこで切るべきか？

MITANI'S COLUMN ③

良い戦略ってなに？

「戦略とは捨てるコトなり」

良い戦略とは「方向性」がはっきり見えるものだ。

そして、ヒトがモノをはっきり見るために必要なのは、コントラスト、明暗だ。

そしてそれは、ある方向へ進むための、資源配分、つまり、なにを捨てるのか、も示してこその戦略だということだ。

だから欧米のコンサルタントは多く、最後に**『Do's and Don'ts（やるコト、やらないコト）リスト』**なるものを示す。

例えば戦略が「統合的商品開発」であるならば、Do'sは「商品企画は各事業部合同でやる」。そしてDon'tsは「各事業部での勝手な商品企画は認めない」となる。

政党のマニフェスト（政権公約）なるものも、本来は同じ。

しかし実際には、やることばかり書いてあって、やめることが明らかでない。

そうでないと選挙受けが悪いからだが、同時に、「やめること」が大変だと知っているからでもある。

その結果が、今の借金漬けの国家財政だ。

景気が良くなればと言い続けているが、本当に景気が良くなって金利が上がれば財政は即座に破綻する。882兆円に上る国の借金の金利が3ポイント上がれば、それだけで全所得税歳入が吹き飛ぶ計算だ。

戦略とは、なにを狙うか決めること、そしてなにを捨てるか決めること。[※1]
それなくして、ヒトも国家も成り立たない。

※1　三谷ゼミのSさん、大学院入学時に決意した。「1年間、好きなゲームを捨てる」と。卒業レポートで切羽詰まった年末、さらに決意した。「テレビも捨てる……」。

4

Chapter 4

「習慣にする」

「分ける」「減らす」「早めにやる」を習慣にする

身につけるべきものを絞って繰り返す

『7つの習慣』[※1]という世界的ベストセラーがある。

人生には共通の原則があり、成功者にはその原則にしたがう行動や姿勢が7つある。それを習慣として身につけよう。というものだ。「Be proactive（主体的であり続ける）」に始まる7つの習慣は、各々に含蓄がある。

ただ、ここで面白いのは、これらの**行動や姿勢を「努力」や「ノウハウ」「技」でなく「習慣（Habit）」として捉えている**ことだ。

【習慣とは】
後天的に獲得されたもの（生まれつきではない）
固定化された行動・思考様式（苦でなくできる）

習慣とは無意識に行われることも多く、その行動や思考の実行に、努力やガンバリを必要としない。なにごとも、こうなったらラクチンだ（無反省にやるので

1

習慣にしてしまおう

3つを習慣として体に取り込もう

危険でもあるが）。

一方、**あることが習慣化されるには、普通、膨大な意識的繰り返しが必要**で、いくつもいっぺんに身につけることなどできない。だから、『7つの習慣』の著者は、それを7つに絞った。

本書ではたった3つ（「分ける」「減らす」「早めにやる」）だ。

いずれも、慣れてしまえば、それほどのことではない。

では早速、これらを習慣にするコツを、見ていこう。

※1 世界で1500万部が読まれ、今なお売れ続けている。原著は89年、日本語版は96年に出版された。原題は『The 7 Habits of Highly Effective People』。

身につけやすい習慣から手をつける

アンゾフのマトリクス

新しい「習慣」を商品だとすると、習慣を身につけるというのは、新商品を自分に売り込むのと似ている。

だから、世にある数多《あまた》のセールステクニック[※1]が、援用できるだろう。いわゆる**「その気にさせる」話法**たちだ。

でも、「習慣」が一般の商品と違うのは、ムリに売り込んでも長続きしなければ意味がないこと。だからここは戦略コンサルタントらしく、経営戦略的視点から「習慣化」の方策を考えてみる。

【アンゾフのマトリクス】

これはもともと、新規事業・商品の位置づけや基本戦略を明確にするための、2×2マトリクスだ。[※2]

普通は、横軸に製品、縦軸に市場をとり、その事業が既存のメイン事業と製品的に近いか遠いか、市場的に近いか遠いかを評価する。

両方遠ければ、その新規事業は企業にとって相当の賭となる。

2

アンゾフのマトリクスを習慣化に利用する

対象
新規
既存
リスク
中
e.g.
（普段は作らない）プレゼン資料作成のとき、
「こだわりレベルを決めて」作る
リスク
大
e.g.
（普段は作らない）プレゼン資料作成のとき、
新たに「判断基準を設けて」作る
ここから試そう！
リスク
小
e.g.
（いつも作っている）報告書作成のとき、
「こだわりレベルを決めて」作る
リスク
中
e.g.
（いつも作っている）報告書作成のとき、
新たに「判断基準を設けて」作る
既存
新規
技（分ける）

「習慣」でこれを使ってみよう。

例えば軸は「技（分ける）」と「対象」。

もし「分ける」の中でも、「こだわりレベルを決める」が「報告書」に対してできるようになったなら、次は「こだわりレベル」を報告書以外に拡げるか、「報告書」に対して別の技を試すのか、だ。

いきなり新しい技と対象に挑戦せずに、じわじわ攻めること。

※1 詰めのクロージングだと、小さく出て大きくまとめる「Foot in the door」や、逆の「Door in the face」など。

※2 製品も市場も既存なら「市場浸透戦略」、片方が新規なら「新製品開発戦略」か「新市場開拓戦略」。両方新規なら「多角化戦略」。

新習慣に入りやすく出にくくする

マイケル・ポーターの5フォース分析

新しい習慣を身につけるための、2番目のフレームワークが[※1]**マイケル・ポーターの5フォース分析**だ。

これはもともと、特定事業の特性を理解し、特に中長期的な収益性を見通すための分析ツール。5フォース分析の名の通り、「買い手」「売り手」「新規参入」「代替」「競合」の5つの側面から、その事業領域の魅力度を判断する。

ここではその中でも、**新規参入の度合いをハカるのに用いられる「参入障壁」**と**「撤退障壁」**を使う。

新しい「習慣」を自らに「導入するときの障壁を下げ」「止めるときの障壁を上げる」ということだ。

経営戦略上、参入障壁は、「初期投資の大きさ」「過去の経験が効くかどうか」「スケール効果が効くか」等で決まる。

一方、撤退障壁は、「設備が汎用的かどうか」「固定費的かどうか」「労働協約

3

新規参入が起こるワケ（ポーターの5フォース分析）

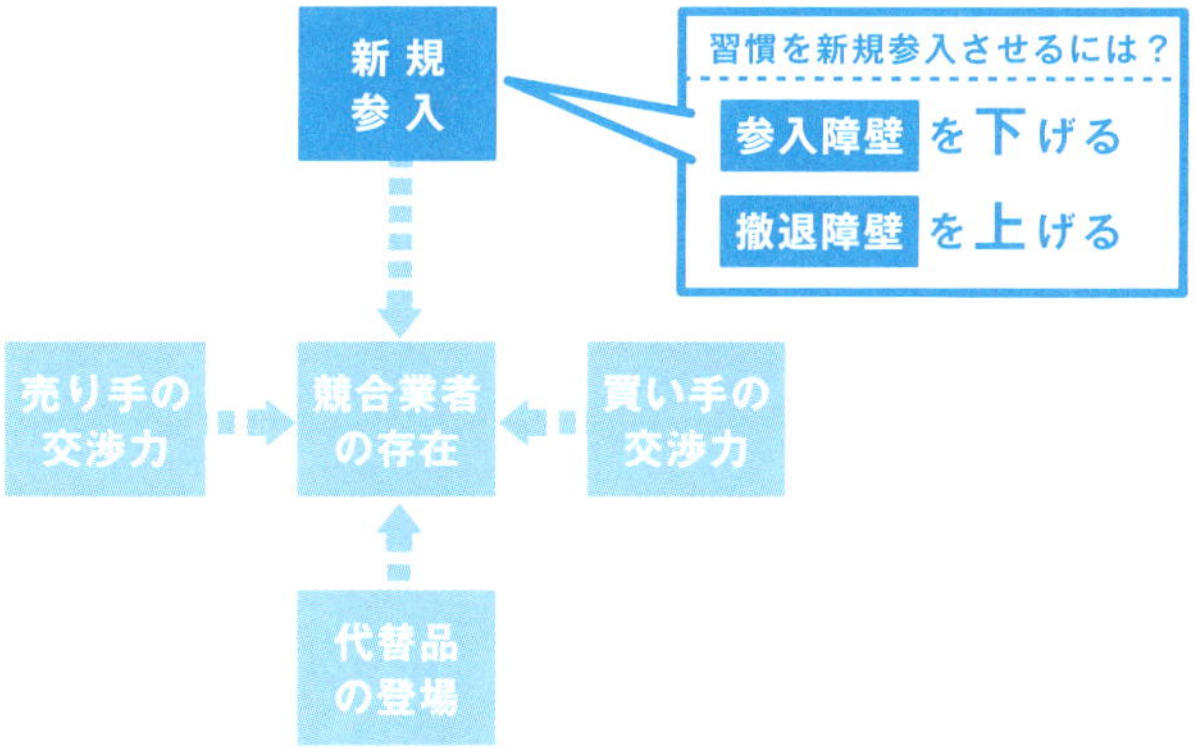
新規参入
習慣を新規参入させるには？
参入障壁を下げる
撤退障壁を上げる
売り手の交渉力
競合業者の存在
買い手の交渉力
代替品の登場

などでの縛りがあるか」「取引先との契約期間」「他の事業との関わりがあるか」「感情的に親密か」「社会的価値があるか」などがある。

さて、これらを各々の技に適応してみると、どうなるだろうか。

新しい習慣に、入りやすくし、出にくくするテクニックを紹介しよう。

※1 Five Forces Analysis. 79年に開発され80年出版の『競争の戦略 Competitive Strategy』で世に広まった。

参入障壁を下げる(1)

マネをする

一般に参入障壁を下げるには、「初期投資額を下げる」「過去の経験を無効化する」「これまでのものと一体化してスケール効果を稼ぐ」などがある。

それらの実現手段として有力なのが、実は模倣戦略である。格好良く言えば**「フォロワー」**。要は**「物まね」**だ。

先行する他社のまねをすることによって、新しいことに取り組む苦労やコストは激減する。日本はこれで先進国になったし、今はそれを中国が10倍のスケールで行っている。

ヒトが子どもから大人になるのも、素人がプロになっていくのも、ベースは先人のヒトマネである。

良い習慣、良い考え方、良い整理術を持っているヒトがいたら聞いてみよう。それをどうやって身につけたのか、と。

自然と身につけた人の話は参考にならない……なんてこともない。

4

模倣で参入障壁を下げる

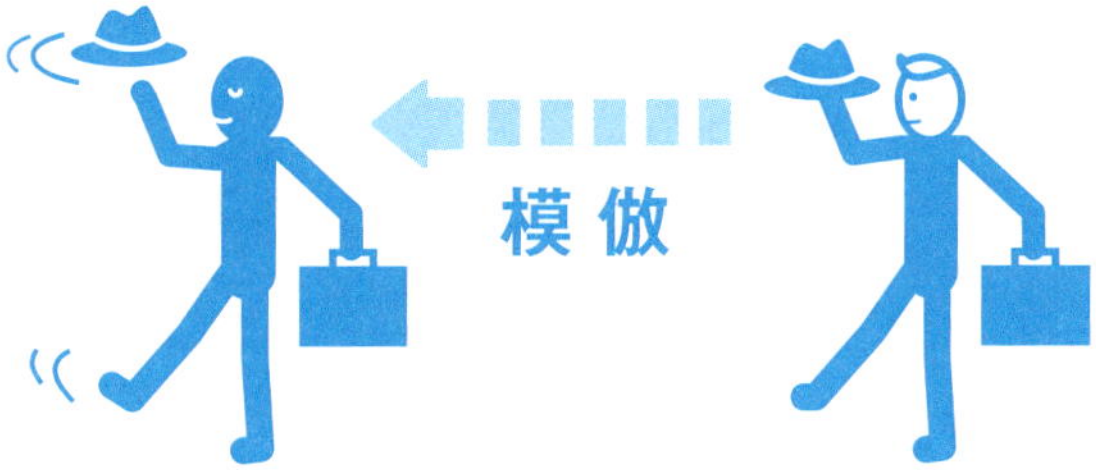

できている人のマネをして習慣化してしまう

鳥は自然と飛べてしまうし語りもしないが、ヒトはそこから学んで飛べるようになった。[※1]ヒトとはそういう存在である。

だから、いろいろな習慣化の話を、本や他人から学べばいい。

ただし、選ぶことは忘れずに。

習慣になるには膨大な繰り返しが必要であり、それをあんまり気楽にやったり止めたりはオススメできない。

だから学んだら、絞って選ぶこと。

これならマネできそうだ、というものをまずは一つ選ぶこと。

※1　苦労したヒトの話は参考になる。それは間違いない。でもそれにしても自分の状況や性格と同じわけではないので、しょせん参考の一つ。

参入障壁を下げる（2）

既存の習慣にくっつける

新しいモノを導入するとき、既存の[※1]（強い）モノにくっつけてしまうことで、うまく障壁を乗り越える方法がある。

毎日やりたいことは毎日やっていることに、毎週やりたいことは週1やっていることに、年1回で良いことはなにかの記念日にくっつける。

会社だったら、毎日のタイムレコードや毎月末の経費精算や、日報や月報といった業務上の義務的習慣があるだろうから、それと一緒にやることにする（させる）ことも有効だろう。

現代人の強力な習慣（というか悪習）と言えば、文句なく頻繁すぎるメールや携帯電話チェック。

でも折角なのでそのパワーを借りよう。これに新しい、小さな習慣をくっつけてみるのだ。タイミングは、**「の前」「と同時」「のあと」**の3種類ある。

5

コバンザメ作戦で参入障壁を下げる

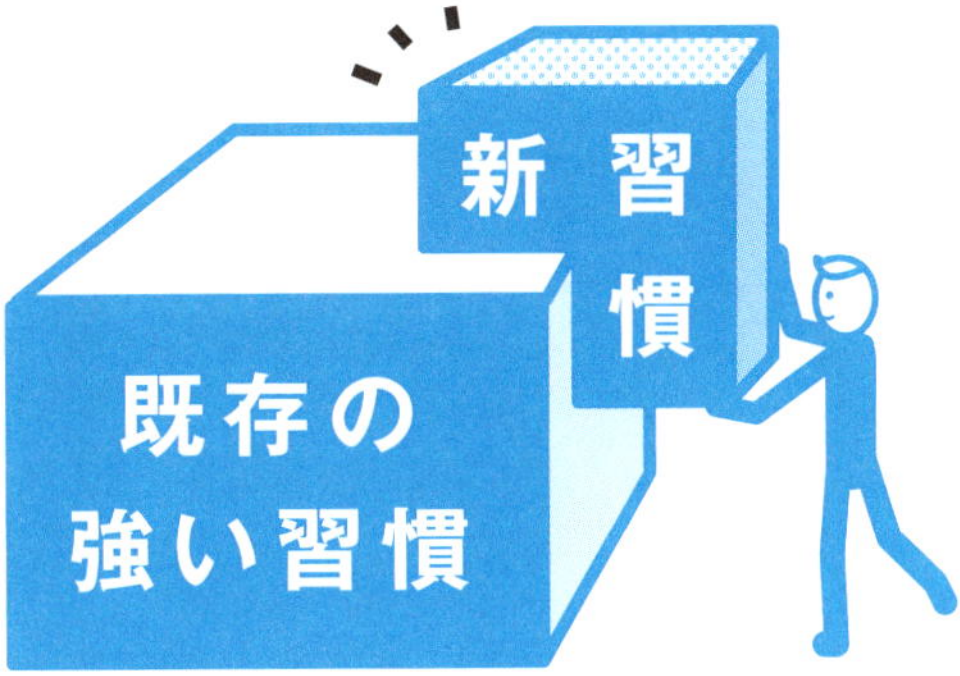

- 携帯を使う前に必ず見るよう、待ち受け画面に身につけたい行動（例えば「苦情には即レス」「携帯電話には出ない」など）を標語にして表示する
- 携帯チェックと同時に、[※2]今日明日のスケジュールを確認・修正する。そのとき「分ける」「早めにやる」を意識する
- メールチェックのあとに、必ず受信箱を整理する。2日以上溜めない

くっつける新しい習慣（候補）は、一つずつ。焦らず、じっくり。

※1 コバンザメ商法とも言う。ちなみにコバンザメはサメではない。美味いらしいが、まず流通はしない。
※2 これは携帯電話にスケジュールが入っていることが前提。

参入障壁を下げる（３）

学びすぎず、気楽に３回やる

新しい習慣への参入障壁を上げているのは、誰であろう、あなた自身である。

うまくやろうと思って、失敗したくなくて、ヒトはどんどん学んで知識を身につけて、そのまま動けなくなる。


名著『経営者の条件』でＰ・Ｆ・ドラッカーは言う。

「成果を上げるために身につけるべき習慣的能力の一つは、自分の強みを基盤に動くことだ」と。[※1]

一方、マーケティング論を学ぶと、「差別化戦略とは相手の強みでなく、弱みを基点にして考え、攻めること」と知る。

両者は、矛盾こそしていないが、自分中心に考えるか相手中心に考えるかという点では、１８０度異なる。


さて、どうする？

6

気楽に始めてみよう

失敗したら
どうしよう……
まずは3回
チャレンジしよう！

どんな習慣を身につけるにせよ、確かなのは「**やってみないと分からない**」ことと「**失敗しても大ごとではない**」ということだ。

学びすぎず、気楽にやろう。「ダメなら、次！」で構わない。

ただし、一旦決めたら3回はやろう。それで習慣になるかどうかの見極めはつく。

もし、少し気合いを入れてやるなら、そのさらに約3倍の10回はやろう。そうすれば、なにか得るモノが必ずある。

※1 他に「自分の時間配分を知る」「成果や貢献にフォーカスする」「優先順位をつけてそれを守る」「成果につながる意思決定を行う」が挙げられている。

撤退障壁を上げる（1）

途中で止められないようにする

一方、撤退障壁を上げるには、「設備を特殊化して他で使えないようにする」「固定費化する」「労働協約を結ぶ」「取引先と長期契約を結ぶ」「他の事業と一体化する」。あるいは「感情的な親密度を上げる」「社会的価値を上げる」などが挙げられる。

いずれも、捨てるコトができない、他者との繋がりをダイジにする、というヒトの特性を良く表したものだ。

例えば、まず前者を利用して「分ける」の習慣化を考えよう。

まずは**その習慣（候補）を途中で止めたら、捨てるモノがとても大きくなるようにしてしまう**ことだ。

特別な手帳を買ったところで金額はしれている。

でも、特別な整理棚をオーダーで作ったらどうだろう。結構なお買い物だ。

最初から壁[※1]一面だと、むしろ参入障壁を上げてしまうので、少しずつ増やしていくのも手だろう。

7

途中で止められなくすることで撤退障壁を上げる

●大きな棚を買ってしまう
●メールはフォルダーに分ける

ナド

5段に区切られた35㎝角のA4ファイルラックは、1つ3000円ほど。これを天井まで6段積み上げれば、30段2万円弱の棚ができる。

「分ける」ための大きな固定資産となるだろう。

情報資産を特殊化してもよい。

メールソフトでフォルダーに分けることを始めると、途中では止めづらくなる。過去の固定資産（分けられたメール）が大きくなってくるからだ。

いずれも、徐々に「積み重ねる」ことで、重くなってくるものたちだ。

※1 壁一面なら「マルゲリータ」の「壁一面のファイル棚」が秀逸。2・4m角で19・8万円。

撤退障壁を上げる（2）

他人に宣言する

もう一つの大きな撤退障壁が「他人との繋がり」。
心理的なものと物理的なものの両方を組み合わせて、習慣化に挑もう。

まずは、自分のダイジな人たちに宣言するのだ。

「私は『○○なヒト』になる！」と。

誰に対してかは、みなさん次第。
ダイジな相手なら部下でも上司でも家族でも友人でも、誰でも良い。

例えば「早めにやる自分」になるとしよう。

原稿ドラフトを3ヶ月後までに、と言われたら自分で勝手に「2ヶ月後までには上げよう」と決め、そして相手に予定を入れてもらう。

8

他人を巻き込んで撤退障壁を上げる

私は○○なヒトになります！
○月○日までに仕上げます！

「2ヶ月後に、初稿の打ち合わせ」。

もちろん全部を前倒しにする必要は無いから、そのあとの時間はバッファーもしくは改良のための時間としてとっておけばいい。

これは『○○な自分』の自己プロデュース[※1]作戦でもある。

他人に宣言し、実行を他人とのコミットメントでアピールする。

そして、自分を変えていく。

※1 プロデュースとは、その作品が商業品質に達し、かつ、商業的成功を収めるための行動を指す。自己満足の究極の概念とも言える。

撤退障壁を上げる（3）

個人戦でなく集団戦にする

もうひとつ、古今東西の戦略論から。

兵法の古典『**孫子**』十三篇の真骨頂は、「戦わずして勝つ謀略のススメ」や、「事前に必ず勝敗や損得を冷静にシミュレーションする計篇」「敵を欺き、勝てる戦場を選び誘導する虚実篇」などにある。

ただ今回戦う相手は「自分」なので、これらは置いておいて、ここでは勢篇の「勢」に学ぼう。

『孫子』における「勢」とは、急峻《きゅうしゅん》な山から転がり落ちる丸石の様子だという。ひとつの小石でも、周りを巻き込み、また周りから力を得て、大きな流れとなっていく。

集団の「勢」の力だ。これが個人の能力よりダイジだと。

習慣化で考えれば、これは**友人や家族、同僚や取引先を巻き込んでやる、ということ**だろう。しかも「勢い」をつけて。

9

集団戦で習慣化する

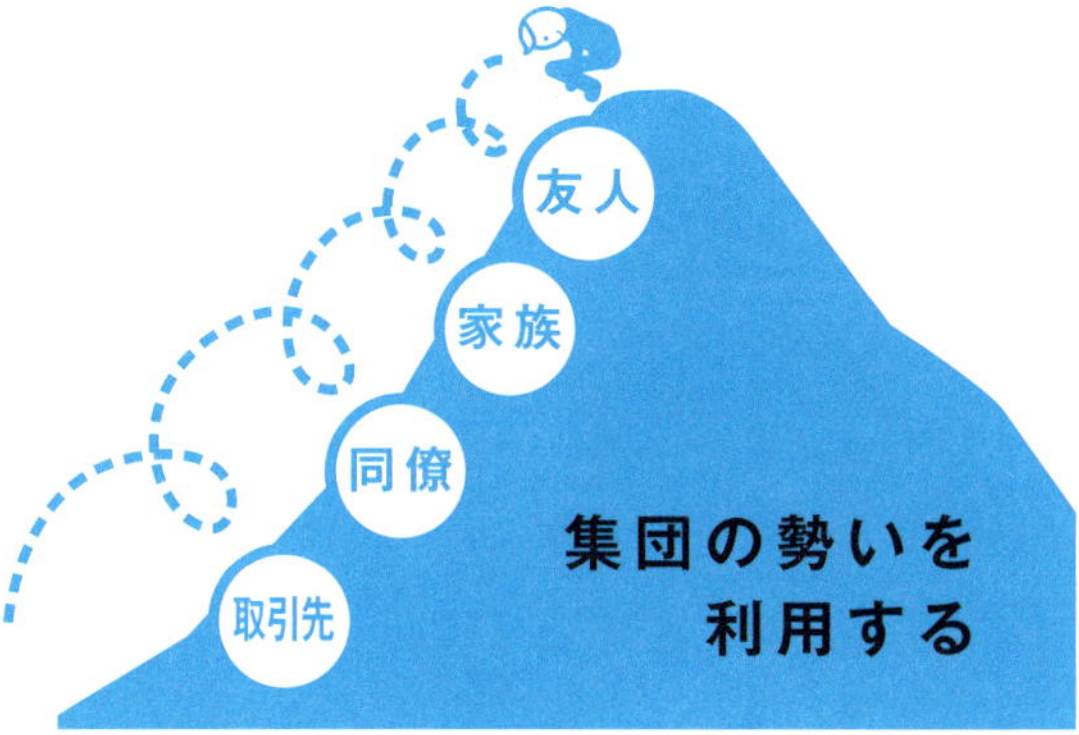

これらの最も正統な継承者が、春秋の[※1]覇者 文公（重耳）、項羽、曹操らであっただろう。

勢いをつけるためにも必要なのが「奇正の戦法」だと『孫子』は言う。[※2]正攻法と奇策とを織り交ぜてこそ効果がある、しかもそれらを連発することで、どんどん勢いが増していくのだと。

チャプター4の最後に、仲間を巻き込みつつ習慣化する、奇策と正攻法を紹介しよう。

※1 『孫子』では「兵は詭道なり」とある。手の内を明かさず戦うことが基本だと。これが公開企業の弱みか。
※2 大河を背後にして自軍の退路を断ち、戦備と3日分の食料以外全てを捨てさせた「背水の陣」が有名。

「分ける」の習慣化ツール

2×2マトリクスの田の字を使う

戦略コンサルタントは、本当に**2×2（ツー・バイ・ツー）マトリクス**が好きだ。なんでもかんでも田の字の4マスで表現したがる。

でもなぜ3×3ではないのだろう。立体にして2×2×2ではないのだろう。**ダメ**なのだ。それではシンプルで厳しい意思決定に繋がらない。

全ての事象をたった4つの象限に分類し、そのどれを選ぶかを迫るのが2×2マトリクスの役割だ。

4つに分類するのに用いる「軸」（変数）は2つだけ、しかもその変数が取り得る「値」も2つだけ（普通はHighかLowかのみ）というのが戦略コンサルタントの使う2×2マトリクスだ。

ただ、最初から白紙に田の字を書いて、ウンウンうなっても仕方がない。

2×2マトリクスは（少なくとも）、整理のための良いツールだが、整理する対象まで生み出してくれるわけではない。**まずはネタ出し**から始めよう。

10

習慣化ツール① 2x2マトリクス

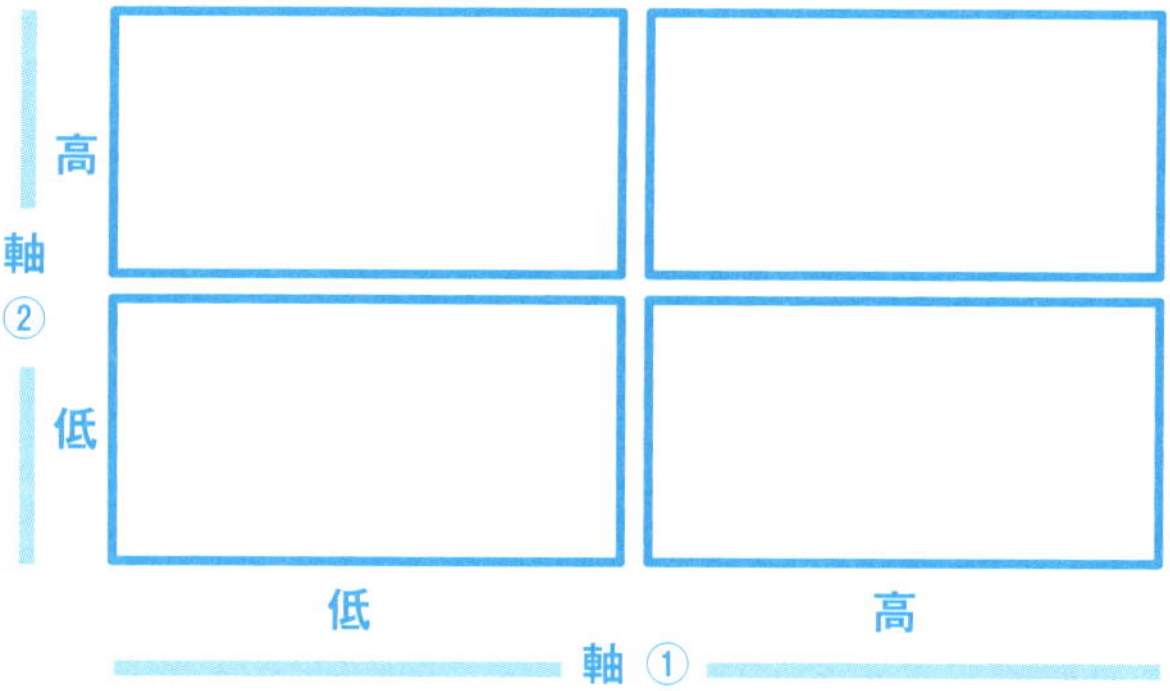

その上で、そのネタたちがどう分類されうるのかを考えるとき、田の字はその真価を発揮する。

「分ける」べきものはなんなのか。悩みが色々あるならそれをどんどん書き出すことだ。

そして、おもむろに田の字を書く。

これらの悩みたちを「分ける」としたらその「軸」[※1]はなんだろう、と。

こうして2×2マトリクスを用い、軸をいつも考えているうちに、「分ける」はいつしかあなたの習慣となる。

※1 ステップ1では「こだわり・決め方マトリクス」を紹介した。そこでの「軸」はもちろん、こだわり度合いと決め方パターン。他にも緊急度と重要度や、リスクとリターンといったものも軸としてよく使われる。

「減らす」の習慣化ツール

自分記録ノートで具体的な記録をとる

プロ野球選手は個人事業主であると同時に、チームの一員である。一匹狼的なあり方は難しく、監督やコーチの「指導」を受けることになる。

一方、監督やコーチといっても「元選手」がほとんどで、指導者としての訓練を積んだ人は少ない。そんな素人コーチの言うことに右往左往して、つぶれてしまった若手選手は多い。


でも、甲子園のスター、元巨人の**桑田真澄投手**[※1]は全く違うタイプだった。

もちろんずば抜けた能力を持っていたが、その非凡さはその「学習スタイル」にもあった。独自の投球理論を持ち、自分の練習や試合のデータを集め、膨大な分析と思索を重ねていた。

かといって、監督やコーチの言うことを無視するわけでもない。コミュニケーションは自らちゃんと取る。ただ、その取り方が他の若手とは全く違う。

「言われて反応する受動型」でなく、**「自分から聞く能動型」**。聞くことも曖昧な

11

習慣化ツール②　自分記録ノート

自分に関しての記録を取る

質問でなく、いつも具体的なテーマ。

「こういうことを達成したい。そのためには自分の場合、こうした方が良いのでやっている。それについてプラスしてやるべきことはあるか」

こんな調子だ。膨大な記録ノートを携えてのものだから、たいていのコーチは[※2]「中途半端な口出しはできない」と感じ、「任せて安心」とも思う。

先手必勝。

常に上司や同僚やお客さんより、少し早く深く考え、コミュニケーションする。それだけで「仕事」や「口出し」はぐっと減る。

※1 甲子園に上限の5度出場し、優勝2回、通算20勝3敗。プロでは通算173勝。

※2 巨人入団後、練習メニューでコーチ陣と対立したとき、自分の記録ノートを藤田元司監督に見せて納得してもらった。

「早めにやる」の習慣化ツール

五感を使って身体で覚える

習慣化をうながすのに**リマインダー（再想起をうながすもの）**を使う、というのは、かなり一般的な方法であり対象を問わない。

しかし、特に「早めにやる」では有効であり必須だろう。

これまた一般的に多い（＝正攻法）のは視覚に訴えるものだ。「早めにやるぞ！」の張り紙や、ＰＣデスクトップのイベントリストなどはそれにあたる。それらも色や大きさの工夫次第で、確かな効果を上げるだろう。

でも、**リマインダーとして最強なのは指輪**[※1]だったりする。

男性にとっては、装飾具に慣れていないからこそ、気になる。常にその存在を意識させられ、その裏に刻まれた記念日を思い出させる。

そういうものに、「早めにやる」を引っ掛けるのはどうだろう。

もちろん安くて構わない。

12

習慣化ツール③　リマインダー

※1 結婚指輪の別名はズバリ、reminder。

あることを決意したことを裏に刻んだ指輪を作り、それが習慣となるまで外さない。

他に聴覚も使いたい。

例えば録音機能のある目覚まし時計や携帯電話に、吹き込むのだ。「〆切り2週間前にはスタートすること」などと。

これも身につくまで変えないから、毎朝、もしくは着信毎に聞く羽目になる。

「触覚型・聴覚型リマインダー」を動員して、自分を刺激し続けよう。

チェックリストで自分をしつける

「フランクリン式」「坂本龍馬式」

アメリカ独立宣言の起草委員であり、避雷針の発明でも有名なベンジャミン・フランクリンは、自らを道徳的に向上させるために13の徳を定めた。

「①節制、②沈黙、③規律、④決断、⑤節約、⑥勤勉、⑦誠実、⑧正義、⑨中庸、⑩清潔、⑪平静、⑫純潔、⑬謙譲」

彼は決して聖人君子ではなく、多くの弱さを持っていたらしい。だからこれらの徳を習慣とすることにおいて、相当の努力をした。

その習慣化の方法が面白い。それは「毎週1個ずつ」だ。

1週間に一つだけ課題となる徳を選び、手帳に○×表を作って1日の終わりに必ず点検するというものだった。これを毎日、2年間続けた。

坂本龍馬も手帳で同じようなことをやっていた。

「人間はどうせ死ぬ」

「死生のことを考えず事業[※1]のみを考えるべし」

「たまたまその途中で死がやってくれば事業推進の姿勢のままで死ぬ」

13

手帳に書いて自分にしつける

というのが龍馬の持論であった。

しかし、それは龍馬にとってすら容易なことではなく、**龍馬はそういった文言を手帳に書きとめ、自戒の言葉としていた**という。

「そのように自分をしつけている」と彼は常々言っていた。

自分の律し方やしつけ方を開発しよう。

自分に合う方法がきっとある。

※1 龍馬が成したと言われる「事業」は、貿易会社「海援隊（亀山社中）」の設立、薩長連合の斡旋、大政奉還への誘導、船中八策（新国家体制の基本方針）の策定などが挙げられる。

何が整理されたのか：習慣化

チェックリスト

7. □ **撤退障壁を上げる（1）**
途中で止められないようにする

8. □ **撤退障壁を上げる（2）**
他人に宣言する

9. □ **撤退障壁を上げる（3）**
個人戦でなく集団戦にする

10. □ **「分ける」の習慣化ツール**
2×2マトリクスの田の字を使う

11. □ **「減らす」の習慣化ツール**
自分記録ノートで具体的な記録をとる

12. □ **「早めにやる」の習慣化ツール**
五感を使って身体で覚える

13. □ **チェックリストで自分をしつける**
「フランクリン式」「坂本龍馬式」

Chapter 4
CHECK LIST

1. □ **「分ける」「減らす」「早めにやる」を習慣にする**
身につけるべきものを絞って繰り返す

2. □ **身につけやすい習慣から手をつける**
アンゾフのマトリクス

3. □ **新習慣に入りやすく出にくくする**
マイケル・ポーターの5フォース分析

4. □ **参入障壁を下げる（1）**
マネをする

5. □ **参入障壁を下げる（2）**
既存の習慣にくっつける

6. □ **参入障壁を下げる（3）**
学びすぎず、気楽に3回やる

MITANI'S COLUMN 4

渋滞を消す小さな習慣

ちょっと先を読んで行動を変える

東大教授、西成活裕さんの渋滞研究の最終的な目的は、もちろん渋滞の解消だ。

渋滞が、どこでなぜ発生するかを明らかにするだけでなく、それをどう解消するかを解析し、さらには実際の高速道路上で実験する。

そしてその実験で得られた教訓は、単なるインフラ改良でなく、運転免許センターなどを通じて広く[※1]ドライバーに周知・教育されようとしている。

教訓1 先で渋滞していそうだったら時速70kmに落とす

渋滞の先頭とは、渋滞が解消されているポイントであり、最後尾とは渋滞に新たな車が供給されて、渋滞が生まれるポイントである。ゆえに渋滞を消すには、渋滞最後尾への車の供給を減らすことだ。

そのためには、ちょっと手前から車の流れをスローダウンさせればよい。時速100㎞から70㎞へ。たった数台が協力するだけで、それは可能である。

教訓2 渋滞しそうなときには数台先を見てブレーキをかけないようにアクセルコントロール

最終的に渋滞は、ブレーキの連鎖によって発生する。だから車間距離を取って、数台先を見据え、ブレーキでなくアクセルだけで速度の揺れを吸収する。

教訓3 渋滞で止まっても先の車を注視して早めに発進する

大渋滞にハマって止まったら、今度はスムーズに発進することだ。

極論すれば、前の車と全く同時にスタートできるなら渋滞は瞬時に解消する。

それに少しでも近づけるために、前方を注視して、前の車に遅れなくスムーズに発進することを努力しよう。

※1 大きなしくみやシステムでなく、ドライバー個々人のちょっとした行動改善の集積で「渋滞解消」という難事業を成し遂げようとする点が面白い。

おわりに

◎今――相克《そうこく》と客観視

いつも二人の自分がいる。ケンカし合う二人ではない。

一人はブレーキ（自制）、一人はアクセル（自由）。

一人は保守的、一人は革新的。

この二面がいつも相克し、あるときは進み、あるときは止まる。

妥協はない。留まるか、跳ぶかだ。

でも実はもう一人いる。いつも少し斜め上から見ている自分が。

二つの主観がぶつかり合うのを、客観的に見つめている。それ自体は判断しない。見つめるだけだ。

「今回はアクセルが強いな、でも強すぎるかもね。なんのこだわりがあるのだろう……」

そして結果（成功や失敗）に動ぜず、それらを次へとつなげ、必要な力をつけていく。

そんな客観視の自分を、ずっと作ってきた。

◎小学生の頃――寄り道のススメ

でも、もともとは、ただの落ち着きのない子どもだった(今でもそうだという話もあるが……)。

授業中も、席を立つ勇気こそ無いものの、横を向いたり、外を見たり、落書きしたり、本を読んだりと、一秒たりともじっとしてはいなかった。

ブレーキ役はおらず、アクセルだけの自分だった。

ハンドルもかなり怪しげで、学校から家まで一本道で信号すらないのに、なぜかまっすぐ帰らない。

行きは集団登校で時間もないから、ただまっすぐ歩くが、帰りは自由演技。塾も習い事もないから時間もたっぷりある。

左は一面の田んぼと川、右は山。

あぜ道、山道、川の堤防、さらには雪が固まれば田んぼの上と、あらゆる自由度を試し、組み合わせた。

徒歩15分の距離を、寄り道しながら30分、1時間かけて帰っていた。

そして分かった。

道路はここだ、なんてただの決めごと。人が歩けばそこが道になる。

もう一ヶ所、さ迷っていたのは、本の中。

学校の図書室に1日何回も通い、授業中も含めて毎日何時間も本を読んでいた。

ひたすらＳＦや科学書に没頭し、宇宙や未来や過去に、思いをはせていた。

別に目的など無い。宇宙人に会いたいと思っていたわけでもない。

でも分かったこと。

それは、**ヒトの常識というものの狭さや、思い込みの怖さ。**

宇宙から見れば、地球もヒトもちっぽけなものだ。

◎13才の頃——まっすぐ歩く

そして、自分で自分のブレーキを作り始めたのが、中学1年生のとき。

おそらくは、**もっとモテるようになりたい**（失恋したから）という下心から、「格好良くなる作戦」を考えた。

その一つが「まっすぐ歩く」こと（モデルみたいにまっすぐ歩けばカッコいいからモテるだろうと考えたノダ）。

実行方法は極めて簡単。

道路の脇の歩行者用白線の上をなぞっていくだけ。

学校の行き帰り、もしくはただ道を歩くとき、いつでもできる。

サボらず、どんなときでも必ず白線の上を一直線に歩く。

やってみると分かるが、意外と難しい。足の運び、後ろへの蹴り出し、左右の動的バランスが絶妙なタイミングで決まらないと、ふらふらしてしまう。

でも1年続けて思った。


慣れれば大したことではない、と。

◎高校生の頃——分ける

高校に入って、友人に言われた「こだわるモノを分ける」もそうだった。

「ムダに焦らない」「感情と判断を分ける」も加えて、高校1年から取り組み始め、何年間も地道に続けていた。

気が弱いので、遅刻しそうなとき、〆切りに間に合わなさそうなとき、頭に血がのぼって焦りに焦る。

でもそんなときこそ、自分に問いかける。

「焦って意味あるの？」「無いなら、やること決めてから焦ろうよ」。

これにはだいぶん時間がかかったが、それでも数年たつとできてくる。まるでもとから自分がそうであったかのように。

大学生になって改めて思った。

「習慣は第2の天性」というのは正しいなあ、と。

そして**「自己改造」もやってできないことはない**と。

◎ 新入社員時代――先手必勝、自助努力

社会に出て、最初の職場がボストン《B》 コンサルティング《C》 グループ《G》だった。

今思うと、すこし（？）特殊だったかもしれない。でも、ある意味では普通のベンチャーであったとも言える。

すでに東京オフィスは20年以上の歴史を持っていたけれど、社員も30名足らず。特に教育システムがあったわけでもなく、仕事の仕方が固まっていたわけでもない。

少数のベテランコンサルタントのもと、年齢の違う新人コンサルタントたちが、無我夢中、必死で仕事をこなしていた。

そこで学んだのは**「自助努力」**と**「先手必勝」**ということ。

組織的な新人研修がない！　とか嘆いていても、全く意味がない。

騒いでいれば3年後にできるかもしれないが、それでは自分には間に合わない。

必要なら、教育のしくみを自分で作るだけだ。

1年上の学卒入社の人たち（中川さん、秋葉さん、鈴木さん、山崎さん、埴生さん……）と、テーマを決め、講師を頼み、自らを鍛える研修を作って参加した。

「自助努力」。天命を待つのはそのあとで良い。

そして、仕事の仕方として、受け身が最悪だというのもすぐ分かった。

ミーティングのあと、受け身的に待っていれば、そのうち上から指示が降りてくるだろう。たいていは「あれもこれもみんな調べておいて」というものだ。その先には、やらされ感一杯の作業時間しかなくなる。

でも、ミーティングが終わったら、指示など待たず超高速でまとめを作り、（一番下っ端のくせに）次の作業計画案を作って提案だ。

仕事の量や方向をコントロールする、最上の方法がこれだった。

「先手必勝」。土俵を作って、相手を自分の土俵に乗せるべし。

◎そして再び今――悩むなら動け

アクセルはそのままに、ブレーキも作り、ハンドルも備えた。

そういう中で、第3の自分も自然とできていった。自分を客観視する自分だ。

判断はしないくせに、そいつはときどき背後でささやく。

「悩むくらいなら、動いたら?」

「動かないと、本当のところは分からないよ」などと。

それに背中を押されて、BCGに入り、そしてアクセンチュアに転職した。大学では物理(核融合とか)を学んでおきながら、結果として、経営コンサルタントして19年半を過ごした。

とても楽しく、激しい舞台だった。

そして第2の舞台を教育の世界に定め、06年夏にアクセンチュアを離れた。

・早めにやることで、仕事はずっと楽しくラクになる
・小さな習慣づけの積み重ねで、自分を改造することができる
・道（＝生き方）は探すものでなく、作るもの。人が歩けばそこが道になる

「ヒトのなにを強くしたいのか」「自分になにができるのか」と考えながら行動するうち、多くの答えは自分の中にあることが分かった。

実業之日本社の石塚理恵子さんにうながされ（そそのかされ）て、そんな「答え」たちを「整理術」というカタチで1冊にまとめた。

未来を生きるみなさんたちの、そして、もっと未来を生きる子どもの親としてのみなさんたちの少しでも役に立てば、と願う。

緑深き玉川大師のお隣で

三谷 宏治

参考図書・サイト

■prologue

『シゴトの渋滞、解消します！』西成活裕、朝日新聞出版

「Women spend nearly one year deciding what to wear」09 July 2009、Telegraph.co.uk

■chapter 1

『労働生産性の国際比較２００９年版』財団法人 日本生産性本部

「２００９年新社会人の意識調査」ユーキャン

『生活者１万人アンケートにみる日本人の価値観・消費行動の変化』野村総合研究所（２００９／12／28）

『もっと早く、もっと楽しく、仕事の成果をあげる法』古谷昇、ＰＨＰ研究所

■chapter 2

「アフターサービス満足度調査」日経ビジネス

『図解雑学 孫子の兵法』水野実、ナツメ社

■chapter 3

『考具』加藤 昌治、阪急コミュニケーションズ

『アイデアパーソン入門』加藤 昌治、講談社

■chapter 4

『7つの習慣』スティーブン・R・コヴィー、キングベアー出版

『フランクリン自伝』ベンジャミン・フランクリン、岩波文庫

『竜馬がゆく』司馬遼太郎、新潮文庫

「Installing a new habit and breaking an old one」Stephanie A. Burns、www.stephanieburns.com

三谷宏治（みたに こうじ）

K.I.T.虎ノ門大学院主任教授。早稲田大学ビジネススクール客員教授。グロービス経営大学院客員教授。
1964年大阪生まれ。2歳半から福井で育つ。東京大学理学部物理学科卒業。INSEAD（フォンテーヌブロー校）MBA修了。87年より96年まで、ボストン コンサルティング グループ勤務。96年より06年までアクセンチュア勤務。うち、03年より06年まで同社・戦略グループを統括。同グループの200人超への成長に貢献。同社退社後の07年には区立小学校でPTA会長を務める。近著に『ハカる考動学』（ディスカヴァー・トゥエンティワン）、『発想の視点力』（日本実業出版社）、『正しく決める力』（ダイヤモンド社）、『トップコンサルタントがPTA会長をやってみた 発想力の共育法』（英治出版）、『観想力 空気はなぜ透明か』（東洋経済新報社）。現在、社会人教育の他、小中高校・大学での子ども・保護者・教員向け教育を中心に活動。年間2000人以上の子どもや保護者に対し、授業・講演を行う。永平寺ふるさと大使、NPO法人 教育改革2020理事、放課後NPOアフタースクール理事。東京都世田谷区在住。
http://www.mitani3.com/

Cover Hair Stylist　中川浩志

特別講義《とくべつこうぎ》 コンサルタントの整理術《せいりじゅつ》

2010年6月18日　初版第1刷発行

著者　三谷宏治
発行者　増田義和
発行所　実業之日本社
〒104-8233 東京都中央区銀座1-3-9
電話　（編集）03-3562-4041
（販売）03-3535-4441
http://www.j-n.co.jp/
印刷所　大日本印刷
製本所　ブックアート

 ISBN978-4-408-10851-3（学芸ビジネス）